PELAS TRILHAS
DE COMPOSTELA

OBJETIVA

Jean-Christophe Rufin

PELAS TRILHAS DE COMPOSTELA

O RELATO DE UMA VIAGEM LAICA

Tradução
Véra Lucia dos Reis

OBJETIVA

Copyright © Jean-Christophe Rufin, 2013
Todos os direitos reservados.

Grafia atualizada segundo o Acordo Ortográfico da Língua Portuguesa de 1990, que entrou em vigor no Brasil em 2009.

Todos os direitos desta edição reservados à
EDITORA OBJETIVA LTDA.
Rua Cosme Velho, 103
Rio de Janeiro – RJ – CEP: 22241-090
Tel.: (21) 2199-7824 – Fax: (21) 2199-7825
www.objetiva.com.br

Título original
Immortelle randonnée: Compostelle malgré moi

Capa
Mateus Valadares

Preparação
Leny Cordeiro

Revisão
Raquel Correa
Ana Grillo
Tamara Sender

Editoração eletrônica
Abreu's System Ltda.

CIP-BRASIL. CATALOGAÇÃO-NA-FONTE
SINDICATO NACIONAL DOS EDITORES DE LIVROS, RJ

R865p
    Rufin, Jean-Christophe
        Pelas trilhas de Compostela : O relato de uma viagem laica / Jean-Christophe Rufin ; tradução Véra Lucia dos Reis. – 1. ed. – Rio de Janeiro : Objetiva, 2015.

        Tradução de: *Immortelle randonnée: Compostelle malgré moi*
        208p.   ISBN 978-85-390-0656-4

        1. Santiago de Compostela (Espanha) – Descrições e viagens. 2. Peregrinos e peregrinações – Santiago de Compostela (Espanha). I. Título.

15-19654   CDD: 913(460.11)
                                        CDU: 913(460.11)

Sumário

A organização...	7
O ponto de partida......................................	13
Por quê?...	17
O amor no caminho.....................................	21
Pegando a estrada..	29
Um selvagem na cidade	35
Primeiro bivaque clandestino......................	39
Venturas e desventuras do peregrino campista	45
Solidões..	49
As vésperas em Zenarruza...........................	55
Maratona, Santiago, mesmo combate!	61
Bilbao...	67
Nas balsas da Cantábria...............................	75
O deus do oleoduto.....................................	81
Belezas profanadas......................................	87
No antro do guru	93
Adeus ao litoral	99
Cantábria: escola de frugalidade	103
No alambique do Caminho.........................	107

Astúrias, das profundezas do tempo	113
Baco e São Paulo	119
Um belo recorte de cristandade	125
Nas pegadas de Afonso II e de Buda	131
Encontros	137
No alto do Caminho	147
Uma aparição na floresta	157
Galícia! Galícia!	161
Noite romana	171
Errâncias	179
O Caminho Francês	185
Últimas provas	191
A chegada	197

A organização

UMA pessoa como eu, que nada sabe sobre Compostela, imagina, antes de partir, um velho caminho passando por entre a vegetação, e os peregrinos mais ou menos solitários que o mantêm, deixando ali a marca de seus passos. Erro grosseiro logo corrigido quando se vai procurar a célebre credencial, documento obrigatório para se ter acesso aos abrigos para peregrinos!

Descobre-se, então, que o Caminho é objeto se não de um culto, pelo menos de uma paixão compartilhada por muitos dos que o percorreram. Uma completa organização se esconde por trás do velho caminho: associações, publicações, guias, atendentes especializados. O Caminho é uma rede, uma confraria, uma congregação internacional. Ninguém é obrigado a aderir, mas essa organização se define desde o início, quando lhe entregam a credencial, o passaporte que é muito mais que um pedaço de cartolina pitoresco. Porque, quando estiver devidamente fichado como futuro ex-peregrino, você passará a receber boletins de estudos eruditos, convites para caminhadas e até mesmo, se morar em determinadas cidades, para sessões de relatos de experiências, com a participação de viajantes recém-chegados. Esses encontros amigáveis em torno de um copo são chamados de "O vinho do peregrino"!

Descobri esse mundo ao entrar, numa tarde chuvosa, na pequena loja situada na rue des Canettes, em Paris, no bairro de Saint-Sulpice, sede da Associação dos Amigos de Santiago. O lugar destoa, no meio de bares da moda e lojas de roupas. Tem cheiro de sala paroquial, e a desordem empoeirada que a entulha tem a inimitável marca dos locais ditos "associativos". O atendente que me recebe é um homem de certa idade — diríamos hoje um "veterano", mas esse termo não pertence ao vocabulário santiagueiro. Não há mais ninguém na loja, e eu teria a impressão de tê-lo acordado se ele não se esforçasse tanto para parecer ocupado. A informática ainda não tomou conta do lugar. Ali ainda reinam a ficha de cartolina amarelada, os fôlderes mimeografados, os carimbos úmidos e a almofada de entintar na caixa metálica.

Sinto-me um pouco constrangido ao declarar minha intenção — ainda não decidida, creio eu — de percorrer o Caminho. O ambiente é o de um confessionário, e eu ainda não sei que a pergunta sobre o "porquê" não me será feita. Antecipando-me, tento justificativas que, evidentemente, soam falsas. O homem sorri e volta às perguntas práticas: sobrenome, nome, data de nascimento.

Ele me conduz aos poucos até o assunto principal: o senhor deseja aderir à associação *com* boletim — é mais caro — ou *sem*, quer dizer, pagando o mínimo. Ele me fornece os preços de cada opção. Os poucos euros de diferença lhe parecem importantes o bastante para que ele se lance numa longa explicação sobre o conteúdo exato das duas formas de adesão. Ponho isso na conta do louvável desejo de solidariedade: não privar os mais modestos do Caminho. Durante o percurso, terei a oportunidade de compreender que se trata de outra coisa: os peregrinos passam o tempo evitando gastar. Geralmente, não se trata de uma necessidade, mas antes de um esporte, sinal de pertencimento ao clube. Vi caminhantes, prósperos, aliás, fazerem intermináveis cálculos antes de decidir se pedirão um sanduíche (para quatro) num bar, ou se andarão 3 quilômetros a mais para comprá-lo numa hipotética padaria. O peregrino de Santiago, que chamamos de santiagueiro, nem sempre é pobre, longe disso, mas comporta-se como se fosse. Pode-se associar esse comportamento a um dos três votos que, incluindo a castidade e a obediência, desde a Idade Média marcam a entrada na vida religiosa; pode-se também chamar isso de simples pão-durismo.

De todo modo, desde a aquisição da credencial, você é convidado a respeitar esse costume e adaptar-se a ele: quer o peregrino vá ou não até Deus (é problema dele), deve sempre fazê-lo comendo o pão que o diabo amassou.

Com certeza você também vai cruzar com muitas pessoas que prepararam uma peregrinação confortável, de hotel em hotel, de ônibus de luxo a táxis prestativos. É costume, entre os santiagueiros, declarar brandamente: "Cada um faz sua peregrinação como quiser." Não é necessário muito tempo, contudo, para compreender que, por trás dessa manifestação de tolerância, se esconde o sólido desprezo do "verdadeiro" peregrino pelo "falso". O verdadeiro se reconhece por gastar o menos possível. Certamente, pode-se chegar ao "verdadeiro" peregrino, por falta de alternativa, porque se está doente ou porque os abrigos estão lotados; por ter de se hospedar num hotel — modesto, se possível — e conviver com viajantes de luxo. Mas conte com ele para marcar a diferença, por exemplo, chupando todas as balas imprudentemente postas num pires na recepção.

Ignorando ainda esses costumes, cometi minha primeira gafe: escolhi soberanamente a adesão *com* boletim e, em especial, dei a entender que três euros a mais não eram problema.

O plantonista me agradeceu em nome da associação, mas um risinho mostrava claramente que ele se apiedava um pouco de mim. "Perdoa-lhe, Senhor, ele (ainda) não sabe o que faz."

A credencial que a Associação dos Amigos de Santiago entrega é um pedaço de cartolina amarelada, que se abre como uma sanfona. A bem dizer, ela não inspira muita confiança, e o futuro suposto-peregrino ri ao voltar para casa. Esse documento, num papel provavelmente três vezes reciclado, com seus largos quadriculados destinados a receber os carimbos em cada uma das etapas, não parece muito sério. Só se tem a dimensão de seu valor ao longo do Caminho.

Depois de guardá-la cem vezes na bolsa e tirá-la de lá molhada pelo temporal, de secá-la num aquecedor difícil de ser encontrado, de tê-la perdido, e febrilmente ter procurado por ela diante do olhar desconfiado do dono de um albergue; quando, ao final de etapas exaustivas, a credencial foi posta na mesa de um empregado da secretaria de turismo que, com ar enojado, mal a toca com o carimbo oficial, evidentemente temendo sujar-se, e quando, em Compostela, você a desdobra com orgulho diante do representante da prefeitura para que ele redija em latim seu certificado de peregrinação, se evidencia o valor dessa relíquia. Na volta, a credencial figura entre os objetos que sobreviveram ao Caminho e que trazem marcas dessa prova.

Sem que a comparação tenha, evidentemente, o menor valor, eu diria que minha credencial amassada, manchada e exposta ao sol me faz pensar nos pedaços de papel que meu avô trouxe do cativeiro: cupons de alimentação ou de enfermaria, eles deviam ter, para o deportado, um valor imenso, e eu imagino com que cuidado ele os conservava.

A diferença é que o Caminho de Compostela não é uma punição, mas uma prova voluntária. Pelo menos é o que pensamos, embora essa opinião seja rapidamente contestada pela experiência. Quem quer que percorra o Caminho, cedo ou tarde acaba pensando que foi condenado a ele. O fato de ter sido condenado por si mesmo não muda nada: as sanções que nos impomos, em geral, não são menos rigorosas do que as que a sociedade inflige.

Partimos para Santiago com a ideia de liberdade, e logo nos vemos, junto a outros, como um simples condenado de Compostela. Sujo, esgotado, obrigado a carregar sua carga sob qualquer clima, o cativo do Caminho conhece as alegrias da fraternidade, à semelhança de prisioneiros. Quantas vezes, sentado no chão diante de um albergue, entre outros peregrinos cansados e sujos, massageando os pés doloridos, comendo uma comida malcheirosa comprada por um preço irrisório, soberbamente ignorado pelos pedestres normais, livres, bem-vestidos e bem- -calçados, eu não me senti um *zek* como Soljenítsin, um desses pobres do Caminho que são chamados de peregrinos?

É a isso que a credencial condena você. Na volta, o mais inverossímil é pensar que, mesmo assim, pagamos para consegui-la.

O ponto de partida

E AINDA é preciso saber do que se fala. A "verdadeira" credencial, a meu ver, como na opinião de peregrinos que se acreditam dignos desse nome, é um documento emitido em seu lugar de domicílio e que o acompanha durante um longo caminho. Contudo, rapidamente, descobre-se que a cada etapa, e até as últimas, esse mesmo documento pode ser concedido. Os peregrinos autênticos veem como uma impostura os caminhantes que se contentam em percorrer os últimos quilômetros e, mesmo assim, têm a audácia de munir-se de uma credencial. Como se esse turismo pedestre de algumas curtas jornadas fosse comparável aos intermináveis percursos dos peregrinos que vieram da França ou de outros países da Europa! Há um certo esnobismo nesse comportamento. À medida que avançamos pelo Caminho, porém, compreendemos pouco a pouco que existe algo de verdadeiro nessa opinião. É preciso, de fato, reconhecer que o tempo exerce um papel essencial na formação do "verdadeiro" caminhante.

O Caminho é uma alquimia do tempo sobre a alma.

É um processo que não pode ser nem imediato, nem mesmo rápido. O peregrino que encadeia semanas a pé constrói uma experiência com isso. Para além do orgulho um pouco pueril que pode sentir por ter realizado um esforço considerável em relação aos que se contentam em caminhar oito dias, ele percebe uma verdade mais humilde e mais profunda: uma curta caminhada não basta para corrigir hábitos. Ela não transforma radicalmente a pessoa. A pedra permanece bruta porque, para talhá-la, é preciso um esforço mais prolongado, mais frio e mais lama, mais fome e menos horas de sono.

Por esse motivo, no rumo de Compostela, o essencial não é o ponto de chegada, comum a todos, mas o ponto de partida. É ele que determina a hierarquia sutil que se estabelece entre os peregrinos. Quando dois caminhantes se encontram, eles não se perguntam "Aonde você vai?" — a resposta é evidente —, nem "Quem é você?", porque, no Caminho, não se é ninguém a não ser um pobre santiagueiro. A pergunta que fazem é "De onde você partiu?". E a resposta permite imediatamente saber com quem se está lidando.

Se o peregrino escolheu um ponto de partida a 100 quilômetros de Santiago, trata-se provavelmente de um simples caçador de diploma: essa distância é o mínimo exigido para receber, na chegada, a célebre *compostela* em latim, que certifica que a peregrinação foi realizada. Essa distinção obtida com esforço mínimo suscita entre os "verdadeiros" peregrinos uma ironia mal dissimulada. Na prática, reconhecem-se como fazendo parte da confraria apenas os caminhantes que percorreram os grandes itinerários espanhóis a partir dos Pireneus. Saint-Jean-Pied-de-Port, Hendaye, o Somport são partidas honrosas. Acrescenta-se a elas, em virtude de uma tolerância associada à História, a partida de Oviedo. Embora seja muito mais curto, o *Camino Primitivo* que parte da capital das Astúrias suscita respeito por dois motivos: ele atravessa altas montanhas, à custa de desníveis mais significativos, e, notadamente, é o caminho das origens, aquele que o rei Afonso tomou no século IX para ver os famosos despojos de São Tiago, que um monge acabara de descobrir.

A imensa maioria dos peregrinos escolhe esses itinerários clássicos, ou o *Primitivo*, ou os que partem da fronteira francesa. Encontramos, porém, alguns que vêm de muito mais longe. Naturalmente, não se dá nada por eles. Alguns estão em nítida dificuldade. Por pouco diríamos que são de constituição delicada. Em geral, aliás, eles exageram para que o efeito seja completo. À pergunta "De onde você partiu?", feita com segurança por um peregrino consciente de sua proeza, que partiu dos pés dos Pireneus, eles respondem, após um instante de falsa hesitação e abaixando modestamente os olhos: "Le Puy", ou "Vézelay". Um silêncio acolhe esses títulos de glória. Se os presentes usassem chapéu, eles o tirariam, em sinal de respeito. Depois de desferido o primeiro direto no queixo, esses peregrinos excepcionais costumam acrescentar um número que acaba nocauteando o interlocutor: "Cento e trinta e dois dias", eles proclamam. É o tempo que acabam de passar pondo todas as manhãs um pé diante do outro.

Caminhei com um jovem estudante que tinha partido de Namur. Ele carregava um saco enorme, cheio de objetos inúteis, mas que tinham o valor de lembranças recolhidas ao longo do caminho. Cruzei com australianos que vinham de Arles e com um alemão que partira de Colônia.

Numa barca, ao atravessar rios que riscam a costa cantábrica, encontrei um alto-saboiano que partira de casa, em Marignier, que fica além de Genebra. Desde então cruzei com ele regularmente. Ele andava um pouco torto e se perdia com frequência. A despeito do que fizesse, para mim ele se situava num pedestal, pois me olhava do alto de seus 2 mil quilômetros percorridos.

Alguns peregrinos, ao que parece, vêm de mais longe ainda. Não os encontrei, e tenho a impressão de que pouca gente os encontrou, ou teve a oportunidade de vê-los. São seres fabulosos. Fazem parte das lendas do Caminho, que não são poucas, e que os peregrinos contam em voz baixa durante as vigílias. Esses seres vindos da Escandinávia, da Rússia, da Terra Santa são magníficas quimeras. Com o seu fim limitado por Compostela, graças a eles a peregrinação não tem mais limites quanto às origens. Nos mapas santiagueiros, vemos todos esses caminhos escorrerem para o funil pirenaico, em seguida para a Espanha. Eles riscam toda a superfície da Europa e suscitam fantasias.

Certamente, o ponto de partida não diz tudo, pois existem ainda modos de trapacear. O mais prático consiste em fazer o Caminho aos pedaços. Assim é que encontramos às vezes caminhantes que, na brincadeira das declarações, puxam um mapa enorme: Vézelay, Arles ou Paris. A dúvida se instala se por acaso eles estão estranhamente limpos e frescos, tendo em vista as centenas de quilômetros que dizem ter percorrido. Para sanar a dúvida, basta fazer a pergunta mortal: "Você veio... de uma vez só?" O fanfarrão abaixa então a cabeça, pigarreia e acaba confessando que levou dez anos para fazer o percurso, em trechos de uma semana. Na verdade, ele partiu na véspera. "Cada um faz seu caminho como quer." Tudo bem, mas mesmo assim não precisa me tomar por imbecil.

Por quê?

POR QUÊ? Evidentemente, é a pergunta que os outros se fazem, mesmo quando não a fazem. Todas as vezes que, na volta, você pronuncia a frase "Fui a Compostela a pé", você notará a mesma expressão nos olhares. Ela traduz de início a surpresa ("O que é que ele foi procurar por lá?"), em seguida, em razão de certo modo disfarçado de encarar, a desconfiança.

Logo uma conclusão se impõe: "Esse cara deve ter algum problema." Você sente o constrangimento se instalar. Felizmente, vivemos num mundo em que a tolerância é uma virtude: o interlocutor logo se controla. Pinta no rosto uma expressão de entusiasmo que exprime ao mesmo tempo alegria e surpresa. "Que sorte a sua!" E ele acrescenta, porque, já que vai mentir, é melhor que seja com convicção e ênfase: "Meu sonho é fazer esse caminho um dia."

A pergunta sobre o "porquê" se detém, em geral, nessa frase. Ao confessar que ele cultiva o mesmo projeto que você, seu interlocutor o dispensa, e também a si mesmo, de dissertar sobre os motivos que podem levar um adulto de constituição normal a andar quase mil quilômetros com uma mochila nas costas. Então, na sequência, podemos passar ao "como": Você estava sozinho? Por onde passou? Quanto tempo levou?

É bom quando as coisas acontecem assim. Porque nas raras ocasiões em que, ao contrário, me fizeram diretamente a pergunta "*Por que* você foi a Santiago?", eu tive muita dificuldade em responder. Não é sinal de pudor, mas antes de profunda perplexidade.

Em vez de manifestar meu embaraço, a melhor solução ainda é revelar alguns indícios, inventando-os, se necessário, para desviar a curiosidade daquele que o interroga e conduzi-lo a pistas falsas: "Havia conchas de Santiago nos monumentos das cidades da minha infância" (pista freudiana). "Sempre fui fascinado pelas grandes peregrinações do mundo" (pista ecumênica). "Gosto da Idade Média" (pista histórica). "Gostaria de caminhar em direção ao sol poente até chegar ao mar" (pista mística).

"Precisava refletir." Essa resposta é a mais esperada, a ponto de quase sempre ser considerada a resposta "certa". Todavia, ela não se explica por si só. Não é possível, e até mesmo preferível, para refletir, ficar em casa, jogar-se na cama, ou numa poltrona, ou, mais exatamente, caminhar um pouco por um itinerário próximo e familiar?

Como explicar, aos que não o viveram, que o Caminho tem como consequência, se não como virtude, fazer esquecer os motivos que levaram a segui-lo? Ele substitui a confusão e a infinidade de pensamentos que levaram a pegar a estrada pela simples evidência da caminhada. Partimos, é só. É desse modo que ele resolve o problema do porquê: pelo esquecimento. Não se sabe mais o que havia antes. Do mesmo modo que as descobertas que destroem tudo o que as precederam, a peregrinação de Compostela, tirânica, totalitária, apaga as reflexões que levaram a realizá-la.

Já se vê o que constitui a natureza profunda do Caminho. Ele não é indulgente como acreditam os que a ele não se entregaram. Ele é uma força, ele se impõe, ele agarra, violenta e molda você. Ele não lhe dá a palavra, ele o silencia. A maioria dos peregrinos está, aliás, convencida de que não decidiram nada por conta própria, mas, ao contrário, as coisas "se impuseram a eles". Eles não pegaram o Caminho, o Caminho os pegou. Tais afirmações, eu percebo, provocam suspeita em quem não viveu essa experiência. Eu mesmo, antes de partir, teria dado de ombros ao ouvir esse tipo de declarações. Elas cheiram a seita. Elas revoltam a razão.

No entanto, depressa constatei sua exatidão. Todas as vezes que se tratava de tomar uma decisão, eu sentia o Caminho agir poderosamente sobre mim, me convencer, para não dizer me vencer.

No princípio, eu simplesmente tinha decidido fazer uma grande caminhada solitária. Via naquilo um desafio esportivo, uma maneira de perder alguns quilos, um modo de preparar a temporada na montanha, uma purgação intelectual antes de iniciar a redação de um novo livro, a volta a uma necessária humildade depois de um período marcado por cargos oficiais e honrarias. Nada disso em particular, mas tudo ao mesmo tempo. Eu não tinha pensado exatamente em percorrer o Caminho de Santiago. Era apenas uma entre as muitas opções que eu considerava, pelo menos eu achava. Eu ainda estava na fase em que sonhamos sobre livros, narrativas, em que olhamos fotos e sites na internet. Acreditava ser livre para decidir, soberano. O que veio depois me mostraria que eu estava errado.

Aos poucos minha escolha se restringiu e as opções se limitaram (vejam só, vejam só!) a rotas para Santiago.

Finalmente, selecionei duas possibilidades: a Alta Rota pirenaica e o Caminho de Compostela pelo norte. As duas partem do mesmo ponto: Hendaye. Seria, portanto, possível adiar a decisão até o limite extremo. Eu poderia até mesmo, caso necessário, escolher no último minuto, quando chegasse lá. Juntei um equipamento que poderia servir a qualquer dos dois itinerários. A Alta Rota atravessa o maciço pirenaico de oeste a leste. São possíveis diversas variantes: pelas veredas ou "off-road". Ela leva quarenta dias aproximadamente. É mais montanhosa e mais selvagem que o Caminho. Preparei-me, então, para uma longa caminhada em quase total autonomia e em ambiente frio. Quem pode mais, pode menos: se no fim das contas eu escolhesse o Caminho de Santiago, bastaria retirar alguns equipamentos de alta montanha e pronto. Eu me acreditava esperto e, ao que parecia, mantivera minha liberdade até o fim.

Pretextos externos me ajudaram a dissimular minha decisão final sob a aparência de racionalidade: a Alta Rota, no último momento, revelou-se impraticável porque "a estação ainda estava no início, e algumas passagens seriam talvez delicadas etc.". Escolhi o Caminho de Compostela. Na verdade, pensando bem, eu apenas cedia a uma misteriosa e cada vez mais forte atração. Eu podia muito bem racionalizar, nunca esteve seriamente em questão que eu realizasse outra coisa. A variedade dos projetos era apenas um artifício, um meio cômodo de mascarar esta desagradável evidência: na realidade, eu não tive escolha. O vírus de São Tiago havia me infectado profundamente. Ignoro quem ou o que operou o contágio. Após uma fase de incubação silenciosa, a doença explodiu e eu tinha todos os sintomas.

O amor no caminho

COMO escolhemos o ponto de partida? Há duas grandes filosofias, que La Palice poderia exprimir assim: ou partimos de nossa casa, ou de outro lugar. A escolha é mais séria do que parece, e muitos peregrinos me confessaram que tinha sido difícil. O ideal (parece, pois não é o meu) é, como para o alto-saboiano de que falei, sair da própria casa, abraçar mulher e filhos e acariciar o cão que abana a cauda porque espera acompanhar você, fechar o portão do jardim e partir.

Aqueles que não têm essa possibilidade porque moram longe demais, ou não dispõem de tempo suficiente, devem se aproximar do objetivo, colocar-se o mais perto possível da Espanha, reduzir o percurso para adaptá-lo à sua medida. Eles não partirão de suas casas, mas de onde, então? Os caminhos são muitos e os pontos de partida, inumeráveis. A escolha é difícil. Depende de alguns fatores objetivos: o tempo de que dispomos, os lugares que gostaríamos de visitar, os guias que compramos, as histórias que os amigos nos contaram. No entanto, fatores mais sutis, e por vezes menos confessáveis, são levados em consideração.

É melhor mencionar logo uma realidade que o leitor descobrirá cedo ou tarde, e que não poderá surpreendê-lo mais do que surpreendeu a mim: o Caminho é um lugar de encontros, para não dizer de azaração. Esse aspecto influencia muitos peregrinos, especialmente no que diz respeito ao lugar de sua partida. Ainda assim deve-se distinguir a que demanda sentimental a peregrinação responde. Na verdade, existem várias atitudes afetivas no Caminho.

A primeira é a dos apaixonados recentes, mas que já encontraram sua alma gêmea. Namorados, companheiros e noivos pertencem a essa categoria. Costumam ser muito jovens: pombinhos que calçam Nike, perfeitamente saudáveis, fones nos ouvidos. Para eles, trata-se de dar à relação um impulso final, que os levará ao altar, ao cartório ou, pelo menos, para perto do berço. O Caminho é a oportunidade de uma terna aproximação. Caminha-se de mãos dadas, ao longo das estradas nacionais e, quando um caminhão passa, um delicioso arrepio percorre as espinhas e aproxima os peregrinos apaixonados. Eles vão de igreja em igreja, pelo caminho sagrado, motivo, pensa o mais apaixonado dos dois, para provocar ideias no outro. À noite, nos mosteiros, uma alegre sarabanda confunde risadas incontroláveis e carnes nuas nos lavabos que os monges, que sabem das coisas, providenciam para que sejam mistos. Nos cubículos, sussurra-se, arrulha-se e, não se podendo comodamente passar ao ato, promete-se amor eterno e fidelidade.

Para esses namorados, o Caminho é útil, mas não deve demorar muito. Ao final de alguns dias, para esses grupos que andam em bandos, o sentido se perderia. O prometido sente-se tentado a olhar outro decote que não o da prometida. A jovem, conquistada depois de muita insistência, poderia muito bem fazer comparações das quais nem sempre aquele que a conduziu até ali sairia vitorioso. Assim é que esses casais poupam seus esforços para os últimos quilômetros. Eles só percorrem as últimas etapas. Nós os encontramos em quantidade nas veredas da Galícia. Como os pássaros que indicam ao navegante a proximidade do mar, eles são o sinal, para o peregrino, de que Compostela está perto.

Acontece diferente com a segunda categoria: a dos caminhantes que procuram o amor, mas ainda não o encontraram. Esses, de modo geral, são mais velhos. Conheceram a vida, às vezes a paixão, e até mesmo o casamento. Depois, a felicidade se desfez, e eles têm de recomeçar. Num ou noutro momento, o Caminho lhes apareceu como solução. Menos desencarnado que os sites de encontro na internet, ele permite o encontro presencial de seres de carne, osso e suor. O cansaço da marcha amolece os corações. A sede e as bolhas nos pés aproximam, e criam oportunidade de oferecer e receber cuidados. Aquele ou aquela para quem a cidade é impiedosa — com sua terrível concorrência, seus modelos tirânicos que condenam o gordo, o magro, o feio, o pobre, o desempregado — descobre, na condição de peregrino, uma igualdade que dá oportunidade a cada um.

Estes, ainda mais que a natureza os favoreceu menos, preferem partir de muito longe para ter todas as chances do seu lado. Ao longo de centenas de quilômetros nós os encontramos, e podemos observá-los. Vemos os estropiados do amor se aproximarem, se farejarem, se afastarem ou se unirem. Nós os vemos perder seus objetivos, ser cruéis, às vezes, com outro que gostaria de lhes abrir o coração, mas que não lhes agrada. Vemos desilusões ao final de algumas etapas, quando aquele que poderia ter sido o grande amor tão procurado acabou confessando, durante a subida de uma encosta, que é casado, que ama sua mulher. Mas vemos também casais perfeitos se formarem, e esperamos que sejam felizes.

Sem dúvida para ter coragem, as moças em geral partem em grupo. Encontrei algumas que vinham de muito longe, tinham atravessado a França, por azar sem conhecer aquele que esperavam. Elas atacavam corajosamente a Espanha, e era comum que uma delas desaparecesse algumas etapas mais tarde. Ela seguia outro grupo e tentava a sorte junto a um novo príncipe encantado. De um modo bem bobo, ao observar essas cenas, eu pensava na expressão: encontrar um chinelo velho para o pé cansado calçar.

O Caminho é duro, mas às vezes tem a bondade de realizar os desejos mais íntimos. É preciso saber perseverar.

Contam a história de um acordeonista que ganhava a vida no Caminho, tocando seu instrumento em cada etapa. Ele tinha acabado de se divorciar, estava muito infeliz, e, eu imagino, tocava canções tristes, sem grande sucesso junto às mulheres. Quando chegou a Compostela, inscreveu-se numa associação de músicos. Lá, encontrou uma alemã que tinha a mesma paixão que ele, e as mesmas feridas na alma. Casaram-se e, todos os anos, voltam juntos ao Caminho. A música que tocam agora juntos é cheia de alegria e encanto. A história é, sem dúvida, bonita demais para ser verdadeira, mas é com lendas como essa que se cultiva a esperança de todos os que se entregam a Santiago, para não se sentirem mais infelizes.

A terceira categoria, menos romântica, mas não menos enternecedora, é constituída pelos que conheceram o amor há muito tempo, se uniram pelos laços sagrados do matrimônio e passaram por seu desgaste, a tal ponto que aspiram, principalmente, recuperar a liberdade. É uma liberdade gentil, que não rompe com tudo, que não faz mal ao outro, mas que, graças à intervenção providencial de São Tiago, justifica que se possa respirar um pouco.

O voluntário da Associação dos Amigos de Santiago que me acolheu em Paris e me entregou a credencial pertence a essa categoria. Quando lhe pedi que me contasse sua própria peregrinação, ele o fez com lágrimas nos olhos. Apesar da idade avançada, ele suportou muito bem o esforço da caminhada. Sua liberdade recém-conquistada o tinha a tal ponto embriagado que, quando chegou a Compostela, não parou! Continuou por uma vereda que descia até Portugal. Se uma ponte atravessasse as águas do Atlântico para alcançar o Brasil, ele a teria tomado, sem hesitar. O infeliz lembrava essa loucura com um sorriso nostálgico. Quando lhe perguntei como as coisas terminaram, ele se entristeceu. Compreendi que sua mulher teve de pegar um avião, um trem e dois ônibus para encontrá-lo e levá-lo de volta para casa. Tinha experimentado a liberdade e não pretendia mais renunciar a ela. Voltou a partir logo no ano seguinte e vivia sempre com a esperança de uma nova partida.

Ele me interrogou sobre minhas intenções. De onde eu partiria? Eu não tinha pensado nisso. Não pertencendo a nenhuma das categorias anteriormente citadas, eu não tinha, para orientar minha escolha, considerações afetivas. Eu queria andar, ponto final. Declarei ao voluntário minha intenção de partir de Hendaye, por causa de minhas indecisões quanto à grande travessia dos Pireneus. Ele me olhou com ironia:

— Faça como quiser — disse ele.

Essa ironia escondia uma profunda certeza ancorada nele, e hoje em mim: de qualquer modo, com o Caminho, nunca fazemos o que queremos. Podemos refletir muito, elaborar outros planos, ele sempre acaba vencendo, e foi o que aconteceu.

O homem da Associação afastou minhas dúvidas, mas guardou uma única palavra: Hendaye.

— Se o senhor partir de Hendaye, fará o Caminho do Norte.

Há dois principais caminhos santiagueiros na Espanha, a partir da fronteira francesa. O primeiro é chamado de *Camino Francés*: com exceção da etapa de travessia dos Pireneus em Roncevaux, ele não apresenta dificuldades. É de longe o mais frequentado. Em certos dias, 150 peregrinos se lançam ao mesmo tempo de Saint-Jean-Pied-de-Port.

O outro é o caminho costeiro, também chamado de Caminho do Norte. Tem fama de ser menos bem sinalizado, mais difícil. Parte do País Basco francês e segue as cidades costeiras: San Sebastián, Bilbao, Santander.

— O Caminho do Norte... — gaguejei. — Sim, era minha intenção. O que o senhor acha? O senhor já o percorreu?

O homem remexeu um armário empoeirado e pegou um montinho de folhas mimeografadas, mapas, uma brochura. Suas mãos tremiam quando ele os entregou a mim, e eu vi que seus olhos brilhavam.

— O Caminho do Norte! — disse-me, ofegante. — É preciso escolher o Caminho do Norte. Eu o percorri, sim... mas apenas da segunda vez. Porque, veja o senhor, ele me tinha sido proibido.

— Proibido?

— É um modo de falar. Quando eu vim buscar minha credencial, como o senhor, aqui, hoje, eu me deparei com um homem que...

Vi passar em seus olhos um brilho de ódio.

— Que me disse que eu era velho demais — disse com raiva. — Que eu não aguentaria. Foi por causa dele que eu primeiro segui o *Camino Francés*. Mas fiquei furioso, senhor, furioso! No ano seguinte, eu disse à minha mulher: desta vez, vou pelo *Norte*. E fui.

— E então?

— Então, não tive problema algum, meu Deus! Em média, 30 quilômetros por dia! E eu não sou um atleta.

Fez-se silêncio. Eu estava um pouco constrangido diante de tanta paixão. E eu ainda não conhecia o Caminho. De repente, estremeci. O homem tinha segurado meu braço.

— Vamos, senhor! — ele gritou. — Faça o *Norte*. É o mais bonito, acredite em mim, o mais bonito.

Eu lhe agradeci e fugi, dizendo a mim mesmo que, decididamente, aquela peregrinação era um negócio de exaltados, e que eu deveria ser prudente nas minhas veredas de montanha. Decidi, sem hesitação, fazer a Alta Rota dos Pireneus.

Oito dias depois, eu partia para Compostela, seguindo o Caminho do Norte.

Pegando a estrada

PEGUEI o trem-bala até Hendaye. Para falar a verdade, a mais de 200 quilômetros por hora num vagão confortável, nos sentimos um pouco ridículo com o equipamento de peregrino. E quando o trem volta a partir, depois de nos ter deixado na plataforma, percebemos o anacronismo do projeto. Que sentido pode ter no século XXI percorrer semelhante caminho *a pé*? A resposta não é evidente. Mas não temos tempo de aprofundar o assunto; um vento frio varre a plataforma deserta, porque a mornidão do mês de maio se dissipa rapidamente sob as borrascas vindas do Atlântico. Os outros viajantes já partiram, puxando alegremente suas pequenas malas com rodinhas. Amontoamos um pouco a tralha mal-amarrada e pomos nas costas. Ela já parece mais pesada do que em casa.

Na primeira noite em Hendaye, limitei meu esforço a atravessar a praça da estação e subir uma ruazinha encantadora, logo turística, até o hotel no qual eu reservara um quarto.

E nessa última noite antes da partida, fiz questão de me conceder este luxo: um quarto de verdade, num hotel de verdade, com um H sobre fundo azul e uma estrela (sejamos modestos, mesmo assim). No momento de deixar a França para uma viagem de caminhante, não havia motivo para você se privar do prazer de ter uma última experiência num quarto exíguo com cheiro de mofo, um chuveiro para criança raquítica, um proprietário desagradável que lhe pede, de mau humor, que você pague imediatamente, e bêbados que berram sob sua janela até tarde da noite. É bom levar fresquinha uma lembrança do país. Revigorado por essa experiência e sem ter pregado o olho durante a noite toda, eu me vi do lado de fora às sete e meia. Sem perder tempo visitando Hendaye (certamente uma cidade muito bonita), dirigi-me para a ponte de Santiago, uma autoestrada que transpõe o Bidasoa e conduz à Espanha.

Tinha na mente as descrições muito precisas do guia que eu levara e que já tinha lido cem vezes. Cada cruzamento me era familiar. Até mesmo as vias expressas adquiriam certo encanto, pois davam uma cor — o cinzento do asfalto — aos traços desenhados no mapa de estradas. Nesses primeiros instantes do trajeto, não se pode ainda avaliar o que será o Caminho, sua amplitude, sua exorbitância. Atravessei Irún com a impressão de fazer um simples passeio, mas sobretudo, de tê-lo escolhido mal.

Em seguida, a saída da cidade chegou e eu continuava a pé. Comprei uma garrafa de água de um lojista resmungão. Ao sair de sua loja, compreendi que ela se situava exatamente em frente à bifurcação que fazia o Caminho entrar no campo. Todos os peregrinos deviam fazer uma pausa em sua venda, e o aparecimento deles não era mais uma distração, apenas uma rotina, e não das mais agradáveis, tendo em vista seus hábitos de consumo. Depois de uma longa reflexão, decidi comprar apenas uma garrafa pequena, pois certamente havia fontes nas paragens. O homem registrou meus 35 centavos com um suspiro consternado.

Tendo matado a sede, atravessei a grande estrada e tomei o caminho que se lançava afinal para o verde. Pouco adiante, ele assumia um aspecto perfeitamente antigo e transpunha um pequeno rio através de uma ponte de pedra.

A excitação de peregrino noviço era poderosa. Parecia-me que dali a pouco eu iria atravessar a floresta de Broceliande, cruzar com cavaleiros e mosteiros de pedra. É inútil explicar que me entusiasmo com facilidade. O único meio de que disponho para acalmar o ardor da minha imaginação é inventar histórias e escrever romances. Sem saber, eu tinha descoberto um novo remédio para meu entusiasmo, lançando-me para Santiago. Porque o Caminho é cheio de contrastes e esfria regularmente os impulsos da imaginação. Ele se encarrega de, se me atrevo a dizer, pôr o peregrino a passo. Com efeito, a natureza na qual eu acreditava estar mergulhado era apenas um alarme falso, um tira-gosto. Logo surgiram os muros de pedra, as hortas pobres, os vasinhos de jardim, os cães esquizofrênicos, presos por correntes mas treinados para se enfurecer assim que um transeunte se aproxima.

Imediatamente a exaltação murcha. Talvez seja possível recorrer a métodos artificiais para estimulá-la. Deve ser preciso, contudo, muito álcool ou maconha para confundir esses vira-latas com Demônios cuspidores de fogo, e a velha que aparece na soleira da porta para brigar com eles com a Dulcineia de Dom Quixote.

A verdade é que o desencanto do mundo é muito acelerado no Caminho, que no entanto faria reviver emoções vindas de priscas eras. Eu diria que são necessárias cerca de duas horas para voltar à realidade e vê-la com olhos desiludidos: o Caminho é um caminho, só isso. Ele sobe, ele desce, ele é escorregadio, ele provoca sede, ele é bem ou mal sinalizado, ele acompanha estradas ou se perde nos bosques, e cada uma dessas circunstâncias apresenta vantagens — e muitos inconvenientes, também. Em resumo, ao sair do campo do sonho e da fantasia, o Caminho aparece brutalmente como é: uma longa fita de esforços, um recorte do mundo comum, uma prova para o corpo e para o espírito. Será preciso grande esforço para recolocar nele algo de maravilhoso.

A atenção do caminhante é, aliás, logo atraída por um objetivo mais prosaico: não se perder. Para evitar perder-se, é necessário procurar constantemente os sinais que delimitam o caminho. As marcas santiagueiras são de vários tipos, e o peregrino aprende rápido a descobri-las. Sua descoberta se torna um hábito. Numa vasta paisagem, cheia de detalhes, de planos e panos de fundo, o olho do peregrino, semelhante a um radar, detecta instantaneamente o marco, a flecha, a inscrição que o dirigem para Santiago. Esses sinais estão dispostos de longe em longe, sem que se possa definir um intervalo regular entre eles. Com a secular experiência da peregrinação, foram colocados apenas nos lugares necessários. Aqui, numa bifurcação de estrada na qual os que passam ficam indecisos: um marco santiagueiro de cimento indica sem ambiguidade a escolha a ser feita. Ali, uma porção retilínea um pouco mais longa que, após um tempo, provoca a dúvida e a vontade de voltar atrás: uma seta amarela tranquiliza e motiva a continuar. Essas grandes setas amarelas, fáceis de desenhar e baratas, são os simples soldados da balizagem, enquanto os marcos, com suas conchas de cerâmica, representariam os oficiais. Embora ocupando os mesmos lugares desde a Idade Média, essas balizas tomaram atualmente um aspecto moderno: fundo azul do mesmo tom da bandeira europeia, concha estilizada formada por linhas em leque que se juntam num ponto. Às vezes, à entrada de uma cidade, ou na vizinhança de um grande eixo, a mesma concha é exposta num enorme painel de estrada, acompanhada de inscrições ameaçadoras, do tipo: "Atenção, peregrinos!" Assim, o caminhante é informado ao mesmo tempo de que está no caminho certo e de que ele se arrisca a deixar sua pele ali.

Naquela primeira manhã, eu ainda não tinha chegado a esse ponto. Leitor iniciante da escrita santiagueira, limitava-me a observar atentamente os arredores do caminho para neles perceber os riscos amarelos ou as conchas azuis, sem poder ainda me entregar a automatismos.

Depois de ter saído de Irún, as setas me levaram ao monte Jaizkibel, que o Caminho sobe, e depois ladeia. É uma pequena e agradável montanha, que permite a visão todo o panorama do vale abaixo. De vez em quando, um mirante se abre para uma imensidão de terras e de águas, até o horizonte. E começamos a compreender que as maravilhas do Caminho existem de fato, mas não são permanentes. É preciso procurá-las; alguns dirão merecê-las. O peregrino não caminha permanentemente com o sorriso extático do *sadhu* indiano. Ele faz caretas, sofre, pragueja, reclama, e é nesse cenário de pequenas desventuras permanentes que ele acolhe de vez em quando o prazer, ainda mais apreciado porque inesperado, de uma vista esplêndida, de um momento de emoção, de um encontro fraterno.

Essa primeira etapa é uma das mais belas de todo o *Camino del Norte*. Depois das encostas de Jaizkibel, a vereda desce até um pequeno estuário, entre duas margens escarpadas. É preciso uma barca para atravessá-lo. É uma barca a motor minúscula na qual se amontoam as pessoas do lugar, que vão fazer suas compras. No cais, do outro lado, toma-se a direita, rumo ao mar, e sobe-se uma costa escarpada dominada por um pequeno farol vermelho e branco. O caminho da alfândega ladeia o mar a uma grande altura e continuamente abre brechas pelas quais aparece o horizonte marinho.

A paisagem de charnecas e de sarças, as falésias negras, o mar azul-escuro e as ondas vindas do largo, tudo lembra mais a Irlanda do que a Espanha.

Mimado por essa primeira etapa de belezas e de natureza selvagem, o peregrino pode também ser tomado por uma falsa esperança e pensar que o Caminho lhe oferecerá tais favores durante todo o trajeto. Deixemo-lo sonhar: o tempo virá muito em breve indicar que lhe será necessário atravessar subúrbios sem graça e seguir autoestradas. Nesse início de viagem, o caminhante pede para ser tranquilizado, e a paisagem se ocupa disso. Porque, quando chega ao fim da costa escarpada e selvagem que ladeou durante várias horas, o caminhante descobre um novo esplendor: a seus pés se abre a baía de San Sebastián. A curva perfeita de suas praias orladas por uma renda de espuma, a majestade de uma beira-mar concebida tanto para ver quanto para ser vista, a perspectiva retilínea de longas avenidas de calçadas largas nas quais os transeuntes perambulam, tudo, em Donostia (outro nome de San Sebastián), é próprio para encantar o peregrino saturado de rochas escuras e aves marinhas.

Inicia-se, então, uma longa descida sobre pedras bem-conservadas, que serpenteiam por entre terraços plantados de tamarindos.

Um selvagem na cidade

TINHA começado a chover enquanto eu descia, e San Sebastián foi logo coberta por uma cortina de chuvisco que a deixava mais encantadora. Que pena! Esse aumento de beleza provocava também uma preocupação mais material: eu teria que pegar roupas para chuva em minha mochila, vesti-las e experimentar pela primeira vez seus defeitos. A ansiedade, nesse primeiro dia, me tinha apressado, e eu caminhei sem me dar tempo para comer ou beber. A visão da cidade me lembrou imediatamente essas necessidades: a vontade de sentar à mesa não demorou a me fazer esquecer o deslumbramento do espetáculo. Na ocasião, minha barriga era maior que os olhos.

A esse respeito, hesito em contar um primeiro incidente. Narro-o assim mesmo, pois, a meu ver, é uma etapa significativa da adaptação à condição de peregrino. A vagabundização do andarilho se faz muito rapidamente. Por mais delicado e civilizado que se tenha partido, logo, logo, sob o efeito do Caminho, se perde o pudor, e ao mesmo tempo a dignidade. Sem se tornar inteiramente um animal, já não se é mais completamente um homem. Essa poderia ser a definição do peregrino.

No meio da interminável descida para San Sebastián, e talvez perturbado por esses pensamentos digestivos, fui tomado por uma vontade irreprimível que a constipação dos últimos dias explicava facilmente. Cada passo ressoava em minha barriga de modo atroz. Eu tinha alcançado o ponto da encosta no qual estão plantadas árvores raras, recortado de aleias e laguinhos: um verdadeiro jardim público. Continuava chovendo e não havia ninguém por perto. O que fazer? Em outras circunstâncias, eu teria sem dúvida mostrado heroísmo e continuado a descida, contendo-me. Para minha grande surpresa, o peregrino já presente em mim me mandou agir de modo completamente diferente. Pousei minha mochila numa mesa de pedra destinada ao piquenique das famílias e, pulando uma cerca viva aparada, agachei-me num canteiro.

Voltei à minha mochila atormentado de um súbito terror: será que alguém tinha me visto? O parque era aberto de todos os lados e, naquela colina escarpada, podia-se observar todo o declive desde o alto. O que aconteceria se eu tivesse sido apanhado, perseguido por ter me aliviado num jardim público no País Basco? Imaginei um momento de escândalo no Quai de Conti.* Ao pensar nisso, caí na risada, peguei minha mochila e continuei a caminhada sem me virar. Apertei o capuz na cabeça e desapareci do lugar do meu feito, sombra cinza em meio a árvores tristes, envolvidas de chuva. É com tais experiências que se mede a nova fraqueza, que é uma grande força. Não se é mais nada nem ninguém, apenas um pobre peregrino cujos gestos são desimportantes. Se eu tivesse sido descoberto, ninguém me teria processado. Eu teria sido simplesmente expulso a pontapés, como o insignificante vagabundo que eu me tornara.

---

* É no Quai de Conti, em Paris, que se encontra o Institut de France, que agrupa as cinco grandes Academias Nacionais Francesas, entre as quais a Académie Française, de que é membro o autor deste livro. (N.T.)

Talvez seja essa uma das motivações da partida. De qualquer maneira, esse foi o meu caso. À medida que a vida o amolda e carrega-o com responsabilidades e experiências, fica cada vez mais difícil tornar-se outro, abandonar a pesada roupa que seus compromissos, seus sucessos e seus erros recortaram para você. O Caminho realiza esse milagre.

Ao longo dos anos anteriores, eu havia me coberto sucessivamente das pompas sociais prestigiosas, mas que eu não desejava que se tornassem a luxuosa mortalha da minha liberdade. Ora, eis que o embaixador, servido em sua residência por 15 pessoas de casaco branco; que o acadêmico, recebido sob a cúpula ao som dos tambores, acabava de correr entre os troncos das árvores de um jardim público desconhecido para esconder o mais insignificante e o mais repugnante dos feitos. Acredite-me se quiser, mas é uma experiência útil e eu não estou longe de aconselhá-la a alguns outros.

Foi ainda sob uma chuva fina que atravessei San Sebastián, com suas grandes avenidas retilíneas, e cheguei ao mar. Essa primeira etapa continua a me instruir sobre minha nova condição: um peregrino jamais chega a lugar algum. Ele passa, é só. Ao mesmo tempo ele está imerso no lugar onde se encontra (sua condição de pedestre o põe em contato direto com o lugar e seus habitantes), e ele está terrivelmente afastado deles, pois seu destino é não permanecer. Sua pressa em partir, mesmo que se preocupe em andar devagar, está inscrita em toda a sua aparência. Ele não chega a ser um turista: aquele que visita os monumentos em passo acelerado, mas que pelo menos foi vê-los. Enquanto a razão da presença do peregrino reside em procurar em outra parte, ao fim de sua busca, no adro da catedral de Compostela.

Na aristocrática San Sebastián, com sua beira-mar luxuosa, seus palacetes opulentos, suas belas lojas, imediatamente me conscientizei de minha insignificância, quase de minha invisibilidade. Não se vê o peregrino. Ele não conta. Sua presença é efêmera, negligenciável. As pessoas, nas ruas, cuidam de suas ocupações, e até mesmo os que perambulam ou fazem exercício parecem não notar o carola já bem sujo, malbarbeado, que anda arqueado sob a mochila torta.

Quando cheguei à baía de La Concha com sua curva perfeita, desci até a areia. A chuva expulsara os transeuntes da beira-mar e a praia estava vazia. No entanto, a estiada fornecera uma trégua. Não chovia mais. O horizonte ganhava as cores esmeralda e índigo que contrastavam com o verde das ilhas e da costa. Pousei minha mochila na areia, tirei os sapatos e mergulhei os pés no mar morno. Em seguida, voltei para minhas coisas e me deitei na areia. O quadro puro do horizonte marinho se enquadrava entre meus pés nus, vermelhos da caminhada. Os passantes tinham voltado e os cães de estimação se sacudiam na areia. Nem os humanos nem os animais davam atenção ao santiagueiro largado na praia, numa vestimenta bem pouco digna de uma estação de veraneio tão chique. Como os dejetos que ninguém se dá ao trabalho de recolher porque sabe que o mar levará, o peregrino, por mais deslocado que esteja na paisagem, não preocupa os habitantes do lugar, porque eles têm a certeza de que o verão partir em breve. Foi o que eu logo fiz, até porque as gotas voltaram a cair. Percorri longas praias, passei por túneis e rapidamente me encontrei do outro lado da cidade, ao pé do monte Igueldo. Acompanhei o caminho que serpenteava por entre projetos imobiliários de alto luxo, com todas as venezianas fechadas, como é comum na pré-temporada, e aos poucos saí da cidade.

Apesar da existência de vários albergues para peregrinos em San Sebastián, minha intenção era, desde a primeira noite, acampar no meio da natureza.

Primeiro bivaque clandestino

A ETAPA tinha sido longa, e eu ofegava um pouco ao escalar os flancos do monte Igueldo. A pé, é sempre demorado afastar-se das cidades. Mesmo que, desse lado, San Sebastián se abra rapidamente sobre o campo e as charnecas costeiras selvagens, ainda assim é preciso ultrapassar as últimas casas, as pequenas vilas que a vizinhança da grande cidade inchou com casas novas.

Num caminho estreito, à saída de uma dessas aldeias de casinhas, tive a surpresa e o prazer de descobrir um sinal amigo. Alguém havia arrumado, ao longo de um muro, uma pequena mesa destinada aos peregrinos. Jarras de água possibilitavam encher os cantis vazios. Protegido por um anteparo, um caderno recebia os comentários que os caminhantes desejassem fazer. Um cartaz lhes desejava boa peregrinação e lhes indicava, com uma precisão da qual não se poderia dizer se cruel ou caridosa, que lhes restavam "apenas" 780 quilômetros a percorrer até Santiago. Em especial, preso ao tinteiro por uma pequena corrente, um carimbo permitia autenticar a etapa. Em San Sebastián, eu não tinha conseguido carimbar minha credencial, pois a secretaria de turismo estava fechada na hora em que passei. Peregrino noviço, eu ainda não tinha a experiência que permite aos mais tarimbados fazer com que o passaporte santiagueiro seja carimbado nas farmácias, bares, agências de correio, ou até mesmo nas delegacias de polícia. Em consequência, parti de mãos abanando. E eis que, naquele trecho anônimo de estrada, quase no meio de lugar nenhum, eu mesmo, emocionado, coloquei o primeiro marco de meu percurso de papel, graças àquele carimbo que representava uma bela concha vermelha. Escrevi uma mensagem entusiasmada para o desconhecido que me tinha dado aquele presente, com o mesmo reconhecimento de Brassens por seu auvérnio.* Depois, continuei.

A tarde ia bem adiantada. O sol tinha voltado e, com ele, um calor úmido que me fazia suar em abundância. Precisava apertar o passo para encontrar um lugar propício ao acampamento selvagem.

Descobri vários, mas quando chegava perto os considerava muito próximos das fazendas, muito visíveis da estrada, ou não eram planos o suficiente. Por fim, perto do cair da noite, pulando uma cerca de arame farpado, descobri parte de um campo que me pareceu conveniente. Por cima das cercas, via-se o mar até o horizonte, grandes cargueiros cruzavam o largo. Armei minha barraca, dispus todos os acessórios do bivaque e, num fogareiro, cozinhei meu jantar.

A noite caiu e eu a contemplei longamente antes de me deitar de vez. Num dia, perdi tudo: minhas referências geográficas, a estúpida dignidade que poderiam me conferir minha posição social e meus títulos. Essa experiência não era a sedução de um fim de semana, mas um novo estado, que iria perdurar.

---

* O autor se refere a uma canção de George Brassens, "Chanson pour l'Auvergnat" [Canção para o Auvérnio], um agradecimento a todos os que oferecem ajuda a um necessitado, sem esperar retribuição, simbolizados na pessoa de um auvérnio. (N.T.)

Eu sofria o desconforto e pressentia os sofrimentos que ele me faria suportar, ao mesmo tempo que experimentava a felicidade daquele despojamento. Compreendia muito bem que seria útil perder tudo para encontrar o essencial. Naquela primeira noite, eu avaliava a loucura da aventura tanto quanto sua necessidade, e disse a mim mesmo que, no fim das contas, eu tinha feito bem em pegar a estrada.

Com um treinamento físico mínimo, é bastante fácil enfrentar as jornadas do peregrino. À noite, a coisa muda de figura. Tudo depende da aptidão que se tem para dormir em qualquer lugar e com qualquer um. Há muita injustiça nessa matéria: algumas pessoas, mal apoiam a cabeça no travesseiro, dormem profundamente, e um trem que passe por perto não as desperta. Outras, como eu, estão habituadas às intermináveis horas deitadas de costas, os olhos arregalados, as pernas agitadas e impacientes. E quando, ao término dessas longas esperas, elas acabam adormecendo, uma porta que range, uma conversa sussurrada, um simples roçar bastam para despertá-las.

Pode-se, é claro, recorrer aos soníferos. Por azar, fiz um consumo tão grande deles em minha vida que eles não me são mais de utilidade alguma, a não ser acrescentar enxaqueca à insônia.

Nessas condições, a noite não é um repouso, mas uma provação. Durante a longa aventura que é o Caminho, as noites insones não podem se repetir com muita frequência sem exercer sobre o peregrino um peso mais pesado que sua mochila.

Ao longo dos caminhos de Compostela, sobretudo na Espanha, paradas especiais, chamadas de albergue, são organizadas. São os herdeiros das antigas "hospedarias dos peregrinos" da Idade Média. Sua particularidade é a extrema parcimônia do custo. Por alguns euros, dispomos de uma cama, um chuveiro coletivo, um canto onde podemos nos alimentar e cozinhar. Esses serviços são proporcionados num ambiente frugal, tipo albergue da juventude ou até mesmo alojamento de emergência após uma catástrofe natural. Alguns desses albergues para peregrinos se situam em mosteiros; outros têm característica mais leiga, em locais municipais. Finalmente, alguns são particulares. Nada me repugna nesses lugares, nem a promiscuidade, nem os odores corporais, nem a amabilidade mais do que relativa de alguns "hospedeiros". A única coisa que me impede de me sentir bem ali é a certeza — que me oprime, assim que cruzo a soleira — de que ali encontrarei uma guarida, talvez a mesa, mas com certeza não o sono. Pior, nesses lugares em que se misturam as mais diversas pessoas, sei que me surgirá de novo, de modo doloroso, o escândalo da natureza que faz alguns dormirem, enquanto outros não pregam os olhos. Essa vantagem seria suficiente para fazer detestar os privilegiados a quem os deuses concederam a faculdade de conciliar o sono em qualquer lugar. Acrescente-se a isso a propensão deles de, assim que conciliam o sono, emitirem roncos que tiram qualquer chance de os outros conseguirem a mesma coisa. Os responsáveis por essa poluição sonora nem sempre são detectados com facilidade, de modo que nunca temos certeza de nos manter longe deles no momento em que escolhemos o leito. Na verdade, o roncador é geralmente um homem, corpulento, tão discreto e silencioso durante o dia quanto ruidoso assim que as luzes se apagam. Mas, para minha desgraça, já encontrei inocentes mulheres pequenas, frágeis, com um sopro delicado que, assim que adormecem, transformam suas fossas nasais em olifante, manejando tão poderosamente essa trompa quanto Roland em Roncevaux.* Sentindo que chegaria o dia em que eu iria cometer o irreparável contra um desses roncadores, decidi me colocar o menos frequentemente possível nessa situação perigosa, e parti com uma barraca.

Na minha experiência de alpinista, os refúgios constituem provações da mesma natureza que os albergues, e há muito tempo decidi escapar deles, acampando. Antigamente, isso obrigava a carregar um material pesado. Hoje em dia existem barracas de montanhismo muito bem concebidas que pesam apenas um quilo. Acrescentando um saco de dormir externo e um tapete, estamos bem equipados com menos de 3 quilos. Mesmo que fosse necessário levar 10, eu não me importaria com esse esforço, desde que ele me garantisse noites tranquilas. Além do mais, gosto de dormir ao ar livre. O ar passa através da barraca e dá a quem dorme, mesmo acordado, um sopro mais amplo, que é o da natureza. Podemos nos mover no chão, ficar à vontade, cantar, recitar poemas, acender a luz: não incomodamos ninguém a não ser os animais que circulam e que às vezes ouvimos pisar pertinho.

O acampamento selvagem é estritamente proibido na Espanha, até mesmo o bivaque (acampamento montado entre o pôr e o nascer do sol). Nada dá mais alegria do que transgredir uma lei inaplicável. Dá a sensação de ser mais sensato que a sociedade. Além disso, é um ato minúsculo de resistência e, como tal, fonte de fraternidade.

Porque rapidamente descobrimos que a população espanhola é muito indulgente com os campistas: ela não apenas os tolera, ela os ajuda.

---

* Alusão ao poema épico "A Canção de Rolando" (século XI) e ao momento em que Rolando toca o olifante, que ressoa longe, pedindo socorro ao rei, no desfiladeiro de Roncevaux. (N.T.)

Venturas e desventuras do peregrino campista

As primeiras etapas do Caminho, da fronteira até Bilbao, me deixaram moído como esses polvos que os pescadores amaciam, batendo com eles na calçada do cais. Mesmo sem roncadores ao meu lado, eu demorava a dormir no chão duro, mas o calor da manhã ignorava essas desculpas e me tirava de meu saco de dormir logo que o sol se levantava. Aliás, eu logo descobriria que, comprado para ser usado na Alta Rota pirenaica, o tal saco era quente demais para aquele fim de primavera espanhol.

Assim que me levantei, prostrado pela falta de sono, precisei caminhar até encontrar um café aberto. O ritual do fogareiro é deprimente demais de manhã e, naquele país dotado de todas as comodidades, não há, de fato, motivo para se viver como nos espaços desertos de alta montanha.

O único problema é a contradição que existe entre os lugares nos quais o acampamento selvagem é possível e aqueles em que se encontram cafés. Os poucos quilômetros que separam o canto de montanha escolhido para montar o bivaque do lugar em que se poderá tomar um café com creme são percorridos todas as manhãs num coma profundo, que não sabíamos ser compatível com a caminhada. Em geral, é o momento em que o Caminho escolhe para se afundar nos bosques, acompanhar deliciosas pequenas veredas que só desejaríamos admirar, desde que não seja às seis horas da manhã e que não se tenha o estômago colado às costas.

Fontes e torrentes são sinalizadas a intervalos ao peregrino para que ele possa beber e se lavar. Quem não teve a possibilidade de tomar uma chuveirada num albergue deve aproveitar a oportunidade quando ela se apresenta. Aconteceu de, algumas manhãs, eu mergulhar na água gelada quando o Caminho ainda não tinha se dignado a me deixar passar por um bistrô. O que, num outro momento, poderia ser um prazer se torna um acréscimo de desânimo. Quando conseguimos por fim atravessar uma aldeia e engolir alguma coisa, o cansaço, a falta de repouso, a impressão de se esvair dentro das roupas sujas tornam você insensível à chicotada da cafeína, e todo o dia se passa num porre permanente.

O Caminho, através do Euskadi, corre paralelo à costa. Estações balneárias de nome impronunciável se alternam com trechos desérticos de litoral. Minhas lembranças se esgarçaram pela contínua náusea do caminhante novato. Em sua superfície flutuam imagens sem coerência: cafés turísticos diante de uma beira-mar refinada, com casais passeando com cães, ciclistas indolentes e ingleses esperando a hora do primeiro copo, mal escondendo a impaciência; estradas acompanhando o mar e os rochedos de uma represa; casas luxuosas de uma estação balneária, orgulhosa por ter sido o berço do grande costureiro Balenciaga, vales verdes vibrantes no interior dos quais estabeleciam-se elegantes casas brancas.

É preciso sempre desconfiar das regiões verdes. Uma vegetação tão densa, um verdor tão resplandecente só podem ter uma origem: a chuva. Se as paisagens dessa primeira semana permanecem confusas, guardo em compensação uma lembrança precisa das chuvaradas que se abateram sobre minhas costas no País Basco. Em Deba, tive de parar num hotel para secar meus apetrechos. Foi minha oportunidade de inaugurar o ritmo que adotaria ao longo de todo o Caminho: dois ou três dias de acampamento, seguido de um quarto num hotelzinho. Já ligado, contra a minha vontade, ao voto de pobreza do peregrino, tranquilizei-me pensando que, sendo o preço do quarto igual a aproximadamente três vezes o de uma noite de albergue, eu não gastava mais do que um santiagueiro "normal".

Nesse trecho do Caminho eu encontraria os lugares de bivaque mais extraordinários. Foi assim que dormi numa angra entre duas falésias, num lugar em que camadas de rochedos, niveladas pela erosão marinha, mergulham como os dentes de um gigantesco pente na cabeleira das ondas. Linhas paralelas de pedras rosa e cinza deslizam da margem em direção ao horizonte. Quando a maré está baixa, pode-se andar sobre esse caminho sagrado pavimentado de rochedos, entre os quais estremecem linhas de água. Tive direito, nesse lugar, a um pôr de sol suntuoso. Os últimos raios do astro partiam do horizonte e vinham até mim, seguindo os trilhos desenhados pelos rochedos na superfície do mar. O céu era de um azul puro. Eu já havia quase recuperado a consciência normal, pois uma refeição no hotel, na véspera, me revigorara. Deixei-me levar por certo otimismo. Minha barraca estava cuidadosamente armada à beira das falésias, num campo. Os camponeses tinham saído de lá ao cair da noite, carregando ao ombro longos ancinhos dos quais se serviam para recolher o feno. A noite se anunciava calma e, com um pouco de sorte, o sono viria. Por azar, uma hora depois, uma tempestade vinda não se sabe de onde fustigava a costa com uma violência inacreditável, e eu passei a noite segurando a barraca que o vento queria levar. Mais uma vez encharcado, nauseado, esgotado, pus-me a caminho à primeira luz do dia. Os rochedos que arranhavam o mar adquiriram uma coloração acinzentada sob a chuva. Segundo meus cálculos, não havia nenhum café a menos de 4 quilômetros...

Solidões

DURANTE essas primeiras etapas, fiquei sozinho, ou quase. Cruzei com alguns raros peregrinos, de quem me mantive afastado. O fato de não dormir em albergues é uma enorme desvantagem no mundo bastante sociável dos caminhantes de Compostela. Nos pontos de encontro, somos obrigados a travar conhecimento graças aos diferentes rituais, como a escolha da cama (em cima ou embaixo?), decisão séria que em geral inicia uma primeira conversa.

No Caminho do Norte, o número reduzido de peregrinos tem como consequência o fato de não nos encontrarmos, ou muito pouco, enquanto caminhamos. Se somos muito rápidos, acontece de ultrapassarmos indivíduos ou grupos. De início nós os vemos por um bom tempo de costas. Uma concha pendurada na mochila marca o ritmo a cada passo. Aproximamo-nos e, no momento de ultrapassar, lançamos um *"Bon Camino"* habitual. Não é espanhol, mas um esperanto utilizado tanto pelos alemães quanto pelos australianos. Não significa absolutamente que a pessoa fale o castelhano e, se você solta uma frase na língua de Cervantes, pode apostar que o peregrino vai sacudir a cabeça e mostrar embaraço.

Eu me adaptei muito bem à minha solidão. Parecia-me até mesmo necessária para a impregnação do novo estado de errância e de despojamento que o Caminho impunha. Quando eu percebia casais ou grupos, parecia-me que lhes faltava algo para experimentar inteiramente a condição de peregrino. Como nesses estágios linguísticos nos quais não se aprende a língua do país se estivermos acompanhados de compatriotas, parecia-me impossível aclimatar-se de verdade à peregrinação se não se vivia ao máximo o silêncio, a ruminação, o abandono à sujeira à qual nenhuma vizinhança familiar impõe limites.

Foi assim que ganhei minhas primeiras divisas na ordem de Compostela: mantendo escrupulosamente a solidão durante os primeiros dias. Meu rosto se cobriu com uma barba curta, minhas roupas ficaram manchadas de lama e de diversos alimentos enquanto eu preparava a gororoba no chão. E meu espírito, martelado pela caminhada, perdeu seus modos habituais, se embrumou de náusea e cansaço até sofrer a grande transmutação que logo constituiu o estado de espírito de um verdadeiro peregrino.

Coisas antes sem importância, e que às vezes chegamos a ignorar antes de partir, ganham aos poucos um espaço enorme. Localizar os sinais que permitem orientar-se, fazer as compras para as refeições, descobrir, antes que seja tarde demais, o terreno plano onde se poderá armar a barraca, refletir sobre o que se carrega nas costas e que ainda é muito pesado são atividades que dominam o santiagueiro, a ponto de fazer dele seu escravo noite e dia.

À medida que a transformação se opera, tornamo-nos ao mesmo tempo completamente estranhos ao que éramos e prontos a encontrar os outros.

O fim desse primeiro período de aclimatação corresponde aproximadamente à minha chegada ao mosteiro de Zenarruza. Chega-se lá seguindo um antigo caminho pavimentado que nos insere no ambiente medieval. Essa *calzada*, à sombra das árvores, ainda estava lamacenta pelas chuvas da véspera quando eu a tomei. Assim que saí do caminho fechado, fui recebido por um forte sol que iluminava a sarça e fazia brilhar o verde tenro dos prados, nas colinas. O mosteiro, situado no alto de uma encosta, oferecia vista total do campo basco, esmagado por um céu de azul intenso, algodoado de grossas nuvens brancas. Diante da abadia, a última etapa de uma via-sacra era marcada por três colunas de granito. Um pórtico dava acesso a um pátio que ladeava a igreja à direita e, à esquerda, os edifícios conventuais. O conjunto estava deserto. A outra extremidade do pátio dava para um parque gramado que subia até o bosque. Uma pequena loja vendia objetos fabricados pelos monges. Estava fechada, mas um interfone convidava a chamar o irmão responsável. Chamei. Uma voz crepitante me convidou a contornar o edifício moderno e esperar diante da cozinha. Observei então que, atrás da igreja e diante do panorama das colinas, fora construído recentemente um pequeno edifício, provido de janelas envidraçadas e de aspecto residencial. Ao fazer o contorno, desemboquei num terraço que se estendia ao pé dessa nova construção. Esperei.

Respondendo ao instinto do peregrino que eu me tornara, coloquei minha mochila no chão, massageei meus ombros e logo desabei no chão, a cabeça apoiada na parede do prédio, a face estendida para o sol poente. O relaxamento leva rapidamente aquele que a ele se entrega ao extremo do descuido. Logo tirei os sapatos, as meias e mergulhei no exame dos meus dedos. Nesse momento, apareceu diante de mim um homenzinho engraçado, de macacão. Calvo, o olhar vivo, um sorriso de lado, o irmão Gregório me desejou boas-vindas. Com autoridade, me apontou o dormitório dos peregrinos, para onde eu o segui, descalço. Tratava-se de um quarto minúsculo situado do lado do prédio moderno. Entrava-se nele por uma porta escondida. Era mobiliado com camas metálicas superpostas e uma mesa de fórmica. Ao todo podia abrigar oito pessoas. O irmão recitou suas palavras para peregrinos sem prestar atenção em mim. Finalmente, quando ele terminou, pude lhe perguntar se seria possível armar minha barraca do lado de fora. O jardinzinho no qual se erguiam as últimas cruzes do calvário me inspirava particularmente. Protegido por um grande plátano, aquele triângulo verde oferecia um belo panorama das colinas, e um banco de jardim tinha, aliás, sido disposto ali. Gregório me disse que não havia inconveniente algum em que eu me instalasse ali.

No mesmo instante surgiu um grupo de quatro mulheres que acabavam de subir a encosta, ofegando. Ao vê-las, Gregório se iluminou.

Comigo, ele tinha manifestado uma polidez mecânica; com as recém-chegadas, mostrou um entusiasmo bem maior. Ao saber que eram australianas, começou a falar confusamente em inglês. Todo alegre, pegou cada uma delas pelo braço e as conduziu ao dormitório. Eu o ouvi expor novamente sua conversa fiada, mas dessa vez com muita tagarelice. Os risos das mulheres lhe respondiam, e ele tagarelava mais ainda. Quando ele saiu, três austríacas acabavam de chegar, e a excitação do monge aumentou. Ele falou alemão com tanto orgulho quanto tinha tentado falar inglês.

Ele esperou do lado de fora comigo, enquanto as moças se instalavam. Todas voltaram para se sentar no chão como eu havia feito, mas Gregório ficou de pé. Ele nos contou que tinha sido monge, naquele mesmo mosteiro, e que deixara a ordem durante vinte anos. Percorreu o mundo todo, entregando-se a atividades que não especificou. Enquanto contava isso, massageava o ombro de uma imponente austríaca. Ao chegar, ela largara uma enorme mochila que manuseava tão facilmente como se fosse uma almofadinha, e deitara sobre mim um olhar cuja avidez me deu um pouco de medo.

O monge, contudo, tinha largado a austríaca e agora massageava o cotovelo de uma australiana. Pálida, de lábios contraídos, tinha uma aparência menos voraz que sua camarada teutônica. Mas Gregório era tão engraçado — e, afinal, era um monge — que a austera peregrina não ligou. Parecia até mesmo gostar.

Gregório falou dos barcos nos quais havia embarcado para cruzar os mares distantes. Contou histórias divertidas sobre o Japão e os japoneses, a Argentina e os argentinos, os Estados Unidos e os americanos. Ao recordar cada etapa, soltava orgulhosamente palavras aprendidas nas mais diversas línguas, às gargalhadas. Finalmente, contou que, após vinte anos de andanças, decidira voltar a Ziortza, para seu mosteiro. Acolheram-no sem dificuldade, tanto mais que seus talentos linguísticos lhe davam condições para assumir a função de hospedeiro.

Ele marcou encontro conosco para as vésperas, caso quiséssemos. Depois, serviria nosso jantar. Quando Gregório se foi, começou a dança dos chuveiros. Eu tinha certa vantagem, já que era o único homem, e os sanitários eram separados em damas e cavalheiros. Em seguida, fui armar minha barraca e preparar minha cama.

Quando voltei, todas as moças tinham sumido, e eu concluí que elas tinham ido assistir ao ofício. Um sininho agudo chamou para a celebração.

As vésperas em Zenarruza

CONTORNEI os prédios conventuais e entrei na igreja. Era um edifício romano, escuro e compacto. O altar era uma construção em madeira dourada do século XVIII, ornado de esculturas e colunetas retorcidas, que se erguia quase até a abóbada do coro. Quase não era visto na escuridão. Uma mão invisível acionou um interruptor, e o altar se iluminou. Os reflexos do ouro, o corpo das estátuas, o azul dos quadros que salpicavam a obra brilhavam sob o fundo sombrio das pedras nuas. Logo os monges, cobertos com o escapulário, entraram em fila indiana e sentaram em círculo. Eram seis e, entre eles, Gregório. Estava irreconhecível. O pequeno brincalhão alegrinho e malicioso dera lugar a um religioso sério, de rosto compenetrado, que lançava ao Cristo crucificado olhares dolorosos.

Minhas congêneres, peregrinas austríacas e australianas, estavam espalhadas nos bancos de madeira da igreja. A atitude de cada uma permitia imaginar hipóteses sobre sua espiritualidade. Uma mantinha os olhos levantados, fixos na abóbada de pedra, e percebia-se que não procurava no silêncio do lugar senão um movimento para o Grande Todo. Outra, ajoelhada e perdida em sinais da cruz, mostrava que era no Cristo que acreditava. A terceira, sem dúvida luterana, folheava um pequeno saltério que um monge distribuíra no início do ofício:

com certeza não podia conceber a prece sem o apoio de um texto. Infelizmente, os textos estavam em espanhol, e ao hermetismo dos salmos se somavam, para ela, as opacidades do castelhano. Numa fileira próxima da minha, descobri a forte austríaca que respondia ao meu olhar com um sorriso insistente. Sem me iludir a respeito do meu charme, vi que era o fato de eu ser homem que impressionava. Pelo visto, aquela não acreditava na ressurreição da carne; parecia bem decidida a receber dela toda a satisfação neste mundo.

Os monges começaram a cantar. Um deles tocava o harmônio. A mística espanhola, poderosa e grave, se lia em seus rostos esculpidos pelas privações. Três deles exibiam barbas negras que os faziam parecidos com personagens de El Greco.

A magia inebriante da prece nos tinha envolvido a todos. É uma das particularidades do Caminho oferecer ao peregrino, quaisquer que sejam suas motivações, instantes de inesperada emoção religiosa. Quanto mais prosaica é a vida cotidiana do caminhante, ocupado com questões de bolhas dolorosas ou de mochilas excessivamente pesadas, mais esses instantes de espiritualidade ganham força. O Caminho é, de início, o esquecimento da alma, a submissão do corpo às suas misérias, à satisfação das mil necessidades que lhe são próprias. Além disso, rompendo a laboriosa rotina que nos transformou em animal caminhante, sobrevêm instantes de puro êxtase durante os quais, no espaço de um simples cântico, de um encontro, de uma prece, o corpo se rasga, cai em pedaços e liberta uma alma que pensávamos ter perdido.

Eu estava nesse ponto de minhas reflexões quando a porta da igreja se abriu bruscamente. Os monges nem pestanejaram e continuaram cantando. Para nós, porém, peregrinos, cuja fé era pouco firme e o êxtase frágil, essa interrupção rompeu o elã espiritual. Uma pessoa entrou, depois duas, depois quatro, chegando a vinte. Eram espanhóis, homens e mulheres, todos aparentemente além da idade da aposentadoria. Usavam calças e camisetas brancas, a maioria segurava uma máquina fotográfica. Flashes eclodiram na escuridão. Os intrusos se comunicavam em voz supostamente baixa, mas que bastava para cobrir as doces sonoridades do canto gregoriano. Sem o menor pudor, os visitantes se desdobraram em sinais da cruz e genuflexões desajeitadas, e sentaram nas fileiras. O ruído das páginas dos saltérios viradas em desordem prolongou essa agitação. Os mais habituados sugeriam números aos outros, e tentavam repetir a antífona com voz desafinada. Depois de cinco minutos dessa agitação, e ao chamado de um misterioso sinal, os visitantes se levantaram e partiram todos juntos, não sem tirar ainda algumas fotos e fazer a porta ranger vinte vezes.

As vésperas terminaram num ambiente devastado por aquela interrupção. Quando nos encontramos do lado de fora sob o pórtico com os outros peregrinos, as conversas trataram daqueles mal-educados que tinham aparecido. A hipótese geral era de que por certo se tratava dos passageiros de um ônibus de turistas a quem aquela parada pitoresca fora proposta. Provavelmente eles logo reembarcaram e deviam estar a caminho da próxima atração.

Qual não foi nossa surpresa quando, ao voltarmos para nossos sacos, descobrimos que os supostos turistas ainda estavam lá. Para completar, eles arrastavam bagagens com rodinhas pelas aleias do parque e se dirigiam para o prédio novo, ao lado do qual fora instalado o minúsculo dormitório dos peregrinos. Ao dar a volta no prédio, vimos os turistas convergirem para a entrada principal da construção, com suas luxuosas portas envidraçadas e seu chão de mármore.

Gregório voltou um pouco mais tarde, e nós o interrogamos. Ele nos explicou que se tratava de um grupo de estagiários. Eles alugavam os quartos de hóspedes do mosteiro — os mesmos que tinham justificado a construção do novo edifício do tipo conforto total. Pelo respeito com que falava desses visitantes, supunha-se que a estada deles devia ser muito lucrativa para os religiosos.

— O que eles vêm fazer aqui?
— Um retiro.
— Mas em que consiste?
— Eles praticam ioga.

Notamos que, de fato, nas costas das camisetas brancas que os estagiários usavam, estava escrito (em inglês?) "Yoga group". Dois de nós que tinham ido ao parque para tirar fotos voltaram contando que vários de nossos vizinhos já estavam sentados na posição de lótus nas proximidades do mosteiro e pareciam saudar o pôr do sol.

É com experiências assim que o peregrino avalia as evoluções deste mundo. Se a peregrinação a Compostela experimenta um aumento de vitalidade, não é como a via real da fé que foi antigamente. O Caminho é apenas um dos produtos oferecidos para consumo no grande bazar pós-moderno. Os monges, que são pessoas práticas, consideraram essa diversidade e propuseram serviços adaptados ao desejo de cada um. Depressa avaliaram os recursos de que dispõem os diversos grupos que procuram a companhia deles. Aos turistas, eles sugerem, a preços elevados, produtos monásticos (cartões-postais, queijos, compotas). Ao "Yoga group", reservam os quartos luxuosos do novo prédio. Quanto a esses peregrinos cansados e sujos, eles logo viram qual era a deles. Os que vão bater à sua porta são os mais miseráveis ou os mais avarentos, pois um albergue particular bastante confortável oferece a menos de um quilômetro hospedagem por 16 euros. Os monges, é a tradição, oferecem aos peregrinos um serviço, porém mínimo.

Tivemos o exemplo na hora da refeição. Enquanto os adoradores do sol se reuniam numa luxuosa sala de restaurante, Gregório nos trouxe da cozinha, às sete e meia da noite, uma comida quentíssima. Provavelmente formada dos restos de um "Yoga group" anterior, o prato não era ruim, mas sua apresentação numa enorme vasilha quadrada de lata, e o fato de Gregório a ter colocado no chão, dava à gororoba o irresistível aspecto de ração de cachorro.

Pouco nos importava: estávamos com fome. Os oito, sentados no chão do terraço, comemos conversando alegremente. A pedido de minhas companheiras de peregrinação, fiz a demonstração do meu pequeno fogareiro e preparei chá para todos. Estendidas em fios e presas por pregadores que nenhum de nós se esqueceu de levar, nossas meias flutuavam ao vento como estandartes no campo de um exército em ação.

Os iogues saíram novamente, empanturrados e aquecidos pelo vinho. Um sentimento de interesse por nosso grupo percorria a pequena tropa de aposentados em retiro. A palavra "Compostela" circulava de boca em boca. Finalmente, os mais audaciosos se aproximaram, com a máquina fotográfica em punho. Eles não chegaram a se dirigir a nós. Aliás, os ruídos que emitíamos ao mastigar a mistura dos monges sem dúvida não permitiam que soubessem que éramos seres com o dom da palavra. Pelo menos formávamos um quadro pitoresco, digno de figurar entre as lembranças que levariam do estágio. As máquinas fotográficas crepitaram. Assumimos a pose mais relaxada durante a sessão de fotos, fazendo o papel de selvagem que nos era atribuído, papel que, é preciso dizer, exigia pouco de nós.

Em seguida, os dois grupos — o deles e o nosso — se ignoraram. O pôr do sol foi para nós a oportunidade de voluptuoso relaxamento, apoiados frouxamente nas paredes mornas. Falamos do Caminho a partir da inevitável pergunta: "De onde você partiu?" Trocas de esparadrapo e de curativo para os pés acabaram aprofundando nossa comunhão. Tentei fazer com que a austríaca, que me pressionava, compreendesse que o Caminho me esgotara. Habituada sem dúvida a esses desapontamentos, ela enrolou um enorme baseado e sua vingança foi não me oferecer.

Fui me deitar na barraca, ao pé de minha via-sacra. E para aumentar a confusão daquelas paredes medievais dedicadas aos adoradores do sol, assisti a uma série americana no meu iPad. Pouco antes de adormecer, um rumor do lado de fora me fez temer que a austríaca se enfiasse na minha barraca, lançando, com a ajuda da noite, uma última ofensiva para conquistar minha pessoa. Mas deve ter sido o vento ou um animal. Tudo voltou à calma. E como a contradição também está em nós, me vi, por um instante, lamentando...

Pela manhã, ao sair do mosteiro de Zenarruza, eu me sentia transformado. Aquela pausa marcava o fim da primeira semana de aclimatação e de solidão voluntária. A partir dali, eu passava ao estágio de peregrino sociável.

Mesmo assim não tinha chegado ao ponto de partir em grupo. Aliás, no Caminho do Norte, cada um permanece em companhia de si mesmo. Os peregrinos se encontram à noite, nas cidades das paradas e nos albergues. Excetuando-se os grupos constituídos desde a partida, como nossas amigas australianas, eles caminham sozinhos durante o dia ou, caso se agrupem, em forma de associações efêmeras. Assim, ao encontrar minhas austríacas nas etapas seguintes, notei que o trio havia se separado.

Embora eu caminhasse sozinho, não tinha mais necessidade da solidão, como nos primeiros dias. Sentia-me adaptado o bastante ao Caminho, em conformidade com meu novo eu peregrino, para poder acolher os encontros e confraternizar com meus semelhantes, que eram todos tão diferentes.

Maratona, Santiago, mesmo combate!

A PERTURBAÇÃO física que os primeiros dias me provocaram, a mudança de estado, se não desapareceu, pelo menos ficou circunscrita: tudo se resumia a uma dor horrível na planta dos pés, um pouco atrás dos dedos. Era de fato insuportável, mas eu via nisso um progresso. Estava certo de que todo o meu mal-estar, as noites maldormidas, as dores no corpo, a fome, a sede, tinham descido inicialmente para as minhas pernas e depois para debaixo de meus pés.

Os pés do peregrino! Assunto insignificante, mas que toma, no Caminho, proporções consideráveis. Cada etapa é a oportunidade para dispensar cuidados a essas extremidades cuja importância não avaliamos na vida cotidiana. Alguns peregrinos não apenas vivem um pesadelo por causa dos pés, mas, especialmente, fazem com que os outros o vivam. Porque raros são os que guardam esses suplícios para si mesmos. À diferença dos órgãos íntimos que o pudor leva a não expor, os pés são facilmente mostrados em público. Nós os exibimos diante do nariz dos saudáveis, a fim de obter deles uma opinião, e talvez com a esperança de que seu olhar compassivo para as bolhas, esfoladuras e tendinites tenha um efeito calmante. Os comércios situados no caminho, particularmente as farmácias, são lotados de indivíduos cujo primeiro cuidado é retirar as meias e expor os pés feridos. Assim é que eu vi no País Basco um italiano de certa idade, muito digno, aliás, ocupando sem dúvida importantes funções numa empresa ou universidade, insistir para apoiar o pé no balcão de uma farmácia, um pé sanguinolento, campo de batalha malcheiroso, em cujas crateras pedaços de esparadrapo sujos de suor e lama estendiam sua inútil proteção. As pobres farmacêuticas urravam em espanhol para dissuadi-lo. O rosto delas exprimia o intenso desânimo por terem tido a infelicidade de estarem situadas pelo destino na calamitosa vizinhança desse caminho. Quando se tratava de vender um antisséptico a um caminhante que tinha a decência de explicar seu problema sem se descalçar, tudo bem. Mas todos os que, incapazes de se exprimir em castelhano, recorriam ao esperanto do corpo que consiste em sacudir suas inflamações diante da clientela, lhes provocavam, claramente, um nojo que elas não conseguiam disfarçar. A única resposta delas era dizer números em voz cada vez mais alta. O italiano, por não compreender o sentido, empurrava mais ainda o pé no balcão, derrubando as amostras de perfume e os produtos à base de plantas destinados a combater a obesidade. Finalmente eu tive de traduzir o que se revelou serem os horários de ônibus para o hospital mais próximo.

Quando o peregrino consegue vencer essas contrariedades e alcança o bem-aventurado estado de calosidades nos pés, ele protege essas aquisições tomando cuidado, todas as noites, de se descalçar assim que chega. Nas paradas, os santiagueiros que vemos deambular depois do jantar estão, infalivelmente, calçados com chinelos de dedo, sandálias ou Crocs. É assim que eles se reconhecem. Eu ainda não tinha chegado a esse ponto, e minhas bolhas me faziam sofrer horrores. Minha experiência de alpinista me fez pecar por orgulho. Nunca tive bolha na montanha e concluí, bem erroneamente, que não corria riscos em Compostela. Grave erro. Os calçados de montanha são de couro fino, forrados com materiais modernos e utilizados em declive (subida ou descida). Além disso, não os usamos por muito tempo e para caminhadas de aproximação e em ritmo lento. O Caminho é outra coisa: horas e horas de caminhada em marcha rápida e no plano. Faz calor. Todas as manhãs parte-se para o mesmo calvário de oito a dez horas em cima de lesões malcuradas. Quando, além disso, faz-se a besteira de, como eu, comprar os calçados pouco antes de partir e não acostumá-los aos pés, o resultado é catastrófico. O modelo que eu escolhi era muito pequeno e desconfortável. Dei provas de descuido, de presunção e de pão-durismo. Os russos (meu filho repete) dizem que os sovinas sempre pagam duas vezes. Foi o meu caso; eu tive de comprar outros calçados durante a caminhada. Foi em Guernica que efetuei a troca. Parecia-me que uma cidade mártir era capaz de compreender meus sofrimentos e aliviá-los. Esses sapatos novos eram muito mais adaptados (eu ainda os tenho nos pés nesta manhã enquanto escrevo). Se eles preparavam minha tranquilidade futura, não tinham, contudo, o poder de consertar de imediato os estragos cometidos pelos que os precederam (e que eu tinha jogado discretamente numa lixeira, perto do mercado de Guernica, enquanto retiravam os dejetos do grande mercado). Eu precisava aguentar o suplício com paciência e suportar a dor que repercutia por meu corpo todo a cada passo. Mesmo assim, eu tinha confiança: continuando a andar, a dor acabaria escorrendo para o chão através das solas de meus sapatos novos. Na Idade Média, acreditava-se que, se alguém dormisse com os pés descalços pousados sobre o dorso de um cão, os reumatismos escoariam para o corpo do animal. Eu não estava longe de compartilhar essas ideias. Andando de lado, fazendo caretas a cada passo, eu esperava que o Caminho absorvesse em breve os últimos estigmas dos meus infortúnios.

Foi nesse estado de espírito que cheguei a Bilbao numa manhã de domingo, sob um belo sol. A aproximação das grandes cidades, a pé, é sempre complicada e dolorosa. Por isso, enfrentei aquelas passagens sem trapacear. Confesso, porém, que próximo a Bilbao, com a sola dos pés em sangue, entreguei os pontos. Tendo encontrado um ônibus no caminho, entrei nele para percorrer os últimos quilômetros através do labirinto de fábricas e armazéns que cercam a cidade. O ônibus estava vazio. Duas francesas entraram no ponto seguinte. Eram peregrinas como eu. Duas irmãs maduras, muito em forma, cobertas de *coquilles Saint-Jacques* e transbordando bom humor, me contaram que era o quarto Caminho delas. A cada vez partiam de um lugar diferente, tinham até mesmo percorrido o célebre caminho de La Plata que parte de Sevilha e atravessa a Estremadura. A particularidade delas era que não concluíam: nunca tinham chegado a Compostela. Ao que parece, seus maridos concordavam em ficar sozinhos durante 15 dias. Além disso, ou elas tinham medo de não mais encontrá-los, ou sentiam saudade da afeição deles, o fato é que prefeririam voltar. O fim da linha, dessa vez, era Santander.

Mais corajosas que eu, elas desceram do ônibus numa estação que lhes permitiria chegar a Bilbao pelo alto, subindo o monte Avril. Preferi passar por trapaceiro a comprometer a cicatrização de meus pés, e despedi-me das duas irmãs, permanecendo acomodado no meu lugar. Foi um pouco mais adiante, quando elas já haviam desaparecido, que eu vi o pequeno guia que tinham deixado cair da mochila. Era uma brochura detalhada e anotada que as acompanhara até ali e que descrevia suas próximas etapas. Folheei aquele documento com emoção. Cada peregrino carrega um consigo, e ele denota seu temperamento. Para alguns, entre os quais eu me incluía, o passado é logo apagado. Cada dia eu arrancava uma página de meu guia, correspondente ao caminho percorrido. Para aqueles que praticam assim o esquecimento sistemático, a viagem é um perpétuo desequilíbrio; eles se lançam para o dia seguinte e fogem do passado. Não tomei nenhuma nota durante minha viagem, e até ficava irritado ao ver alguns peregrinos, nas paradas, roubarem preciosos momentos de contemplação para rabiscar nas cadernetas. Parece-me que o passado deve ser entregue à discrição de um órgão caprichoso, mas fascinante, que lhe é especialmente dedicado, que chamamos de memória. Ela seleciona, rejeita ou conserva segundo o grau de importância que confere aos acontecimentos. Essa escolha tem pouco a ver com o julgamento que fazemos no instante. Assim é que cenas que nos pareceram extraordinárias, preciosas, desaparecem sem deixar vestígio, enquanto humildes momentos, vividos sem que se pense, porque são carregados de afetos, sobrevivem e renascem um dia.

Para outras pessoas, ao contrário, e as duas irmãs entre elas, o tempo passado é tão precioso quanto o futuro. Entre os dois, houve o presente, intenso, efêmero, denso e, para conservar seu benefício, é preciso cobrir um guia com anotações. Assim era o pequeno livro que elas perderam e cuja perda deviam lamentar amargamente. Decidi levar comigo aquele documento raro que me introduzia na intimidade de outro Caminho.

O ônibus devia parar no centro de Bilbao, mas personagens usando coletes fluorescentes o obrigaram a parar antes: o cais do rio Nervion estava bloqueado por uma maratona. Tive de descer e terminar a pé, mancando. O sol fazia brilhar as fachadas do bairro ultramoderno no meio do qual se abre como uma flor de vidro o museu Guggenheim. O ambiente, mais uma vez, era eminentemente pós-moderno. Eu estava lá, mancando, sujo, a mochila gasta, seguindo um caminho supostamente medieval, enquanto à minha volta criaturas de malha fluorescente, Nike nos pés, cardiofrequencímetro no peito, percorriam, com passadas de gazela, uma paisagem de vidro e de aço que dava provas da vitória do ser humano sobre a natureza, de sua apropriação do sagrado, e de sua liberação de todas as chagas que a Idade Média tentava expiar, indo adorar as relíquias de Santiago.

Os encarregados da corrida me afastaram com rispidez da calçada reservada aos maratonistas. Quando cheguei à cidade velha, tinha tido tempo de meditar sobre os acontecimentos, e cheguei à conclusão de que minha aventura, no fundo, guardava alguma semelhança com a daqueles corredores narcísicos, de aparência nova-iorquina. A prova na qual eu me envolvera era apenas mais longa e comportava outras regras. Supunha uma ética e uma estética diferentes. Sinceramente, eu tinha de confessar que estava mais próximo daqueles corredores do século XXI que dos autênticos peregrinos do ano 1000...

A metáfora esportiva corroborou a ideia de que Bilbao, após uma semana de caminhada, devia constituir para mim uma parada de completo repouso se eu quisesse estar em condições de resistir não a 42 quilômetros, como meus vizinhos de calçada, mas a 800, já que tal era o desafio, nessa prova que chamamos de peregrinação.

Bilbao

Uma semana de caminhada ainda é apenas um passeio. Longo, difícil, insólito, por certo, mas oito dias correspondem a uma sequência de férias. Mais que isso, entramos num espaço totalmente novo. O encadeamento dos dias, a constância do esforço, o acúmulo do cansaço fazem do caminho uma experiência incomparável. Em Bilbao, no momento de ultrapassar o limite dos oito dias, eu me senti tomado de vertigem. A tentação de interromper tudo era forte. Afinal, eu tinha visto bastante: parecia-me ter compreendido o que era a peregrinação. Prolongá-la não me serviria de nada, a não ser acumular dias e dias idênticos. Vinha-me o pensamento tentador sobre tudo o que eu ainda poderia fazer de diferente para ocupar o tempo livre. Meus pés ainda não tinham cicatrizado: poderiam servir como pretexto para uma volta antecipada. Eu ainda teria a possibilidade de retornar em outro ano para concluir, mais bem preparado, os trechos posteriores do Caminho e assim fechar aos bocados, em três ou quatro anos, o percurso inteiro.

Aluguei um quarto minúsculo numa pequena pensão no coração de Bilbao para dispor de um chuveiro e de uma cama. No beco, embaixo, a multidão de domingo ria e gritava até que um aguaceiro dispersou todo mundo. Eu cochilava, acariciando o consolador pensamento da minha volta. No dia seguinte, iria me informar a respeito de trens para a França. Já me via confortavelmente instalado num vagão que seguia para a fronteira. Adormeci.

Mas o Caminho é mais forte que os demônios tentadores. Ele é hábil, ele é ardiloso: deixa que eles se exprimam, se exponham, acreditem em seu triunfo e depois, de uma só vez, desperta o adormecido que se ergue suando da cama. Tal como a estátua do Comendador,* o Caminho está presente, apontando para você um dedo acusador. "Como? Você vai fugir, sentir a vergonha da volta prematura! A verdade é que você é um covarde. Tem medo. E sabe de quê? De você mesmo. Você é seu pior inimigo, aquele que se opõe ao esforço, desde sempre. Você não tem confiança em si mesmo, e eu, São Tiago, eu lhe ofereço a oportunidade única de se livrar desses entraves, de enfrentar e vencer a si mesmo."

Então, vamos até o banheiro, molhamos o rosto com água fresca e, mais uma vez, nos submetemos à vontade do Caminho.

Foi assim que as coisas aconteceram comigo e, suponho, com muitos outros. No máximo, me concedi um dia inteiro de repouso; em vez de partir no dia seguinte de manhã, fiquei um dia inteiro visitando a cidade e dormindo. Decisão tomada, saí para as ruas.

Os espanhóis gostam de fazer todos juntos a mesma coisa, no mesmo momento, o que torna o passeio nas cidades cheio de contrastes. Assim, a Plaza Nueva, no centro do Casco Viejo, fica apinhada de gente no domingo. Depois, de repen-

---

* Referência à cena final da *Don Juan* (diferentes autores reescreveram a história desse personagem), em que a estátua do Comendador ganha vida e leva Don Juan para a morte, depois de ter proclamado seus crimes. (N.T.)

te, ela se esvazia e os turistas ficam sozinhos, como caranguejos presos no fundo de uma rede. Os degraus que sobem até Begonia ficam desertos até o final da tarde, e a catedral de Santiago permanece vazia até a missa da noite. Na hora em que fui visitá-la, contudo, ainda havia intensa movimentação de fiéis rezando e de turistas. Caminhei pelo coro admirando as capelas da abside quando percebi dois peregrinos à minha frente. Já disse que, nas paradas, o primeiro cuidado do caminhante é se descalçar. Quem quer que passeie com os dedos ao vento numa cidade santiagueira, por maior que ela seja, é certamente um peregrino. Eu tinha diante de mim dois exemplares desse tipo. Minha atenção redobrou quando notei, ao me aproximar, que eram mulheres. Finalmente, ao ultrapassá-las, virei-me e tirei as últimas dúvidas: tratava-se das duas irmãs do ônibus. Elas deram um grito ao me reconhecer, e saímos do santuário bem alegres. Por causa desses acasos é que começamos a acreditar em milagres.

Fui com elas até minha pensão e lhes devolvi o precioso guia. Elas se emocionaram de alegria. Eu as invejava um pouco porque, com meu sistema, semelhante felicidade nunca poderia acontecer. Sem conservar nenhum traço do passado, teria sido necessário que alguém um dia viesse me dizer: "Veja, encontrei sua memória." Mas o único que pode realizar esse prodígio sou eu mesmo, e eu gostaria que de vez em quando alguém me libertasse desse esforço.

Fomos festejar o acontecimento na varanda de um café. Já tínhamos a impressão de nos conhecer muito bem. Elas me contaram um pouco de suas vidas, quer dizer, de seus caminhos, pois eu já disse que os peregrinos revelam apenas essa parte deles. Eu não tive de evitar a curiosidade delas porque elas não me perguntaram sobre meu itinerário. Partiram no dia seguinte de manhã e nunca mais nos vimos.

O segundo dia em Bilbao me fez descobrir a face laboriosa da cidade. Na hora do almoço, os restaurantes ficam cheios de executivos de terno e gravata. O bairro comercial parecia o 8º *arrondissement* de Paris. Eu tinha deixado a mochila na pensão; meus chinelos de dedo e minha calça suja, no entanto, eram suficientes para me definir como um extraterrestre. A vantagem, porém, das grandes cidades é tolerar tudo. O peregrino ali é um corpo estranho que ninguém nota e que pode vaguear por toda parte como um fantasma. Os guias de Compostela aconselham, contudo, que se evitem algumas avenidas chiques nas quais "para os comerciantes, os peregrinos não são bem-vindos". Imagino que, em Paris, se um tipo de caminhante pulguento se perdesse na Avenue Montaigne e decidisse comprar meias na Chanel, ele também não seria bem-vindo.

Evitei esses arrojos e voltei para o hotel depois de ter devidamente visitado museus e igrejas, mas sem ter tentado nenhuma compra, a não ser maçãs num fruteiro marroquino. Ele falava francês e eu lhe perguntei se havia muita gente da África do Norte em Bilbao. Ele me disse com ar enojado: "Há de tudo aqui." Eu me afastei, sem me arriscar a ouvi-lo queixar-se da imigração clandestina...

Sozinho em meu quarto, cada vez mais descansado e disposto, estudei o trajeto do dia seguinte. Era, na verdade, o último obstáculo que me impedia de deixar serenamente Bilbao.

A curta distância até Portugalete se anunciava, de fato, bem deprimente. "Impossível", escrevia o guia, "escapar das docas abandonadas, das áreas industriais baldias e das construções proletárias invadidas." E acrescentava, para que o caminhante conservasse pelo menos a fé durante aqueles 14 quilômetros: "O peregrino pode se sentir deslocado e perdido nessa paisagem, mas ele não tem nada a temer. Não estamos no Bronx." Semelhante perspectiva não era ideal para retomar a caminhada depois da queda da pressão de uma longa e confortável parada.

Para completar, de manhã, na hora de partir, descobri que tinha começado a chover. Dessa vez não era uma chuvarada, mas uma chuva fria, penetrante, contínua. Demorei-me com as formalidades de pagamento na recepção, nem um pouco apressado em me ver do lado de fora. Foi então que o porteiro do hotel me deu uma informação que recebi como um náufrago que agarra uma boia.

— O senhor está indo para Portugalete? — perguntou ele inicialmente, com ar melancólico.

As idas e vindas absurdas dos peregrinos não interessam aos habitantes das cidades que eles atravessam.

Era uma delicadeza da parte desse homem fazer essa pergunta, talvez porque éramos os únicos acordados naquele hotel miserável, no qual ele ainda não havia acendido as luzes. Eu respondi que sim, sem pressa, e lhe perguntei o caminho, para esticar a conversa.

— A primeira à direita. Em seguida, o senhor desce as escadas. Não vá errar a plataforma.

— A plataforma?

— Há duas linhas de metrô aqui.

O metrô! Eu tinha pensado em tudo, exceto na existência de um metrô naquela cidade. Pareceu-me que fora a Providência que o construíra especialmente para mim e, como eu começava a ter os reflexos de meu novo estado, vi a mão protetora e acolhedora de São Tiago nessa infraestrutura.

É preciso saber, contudo, que todos os meios desonestos de se transportar (ônibus, táxi, trem, avião) são severamente reprovados pelo autêntico peregrino. O verdadeiro santiagueiro conhece apenas a caminhada e desdenha todo o resto. Eu havia derrogado essa lei ao tomar um ônibus, mas tinha a desculpa de meus dedos em sangue. Dessa vez, estava bem repousado e nada me autorizava a ceder de novo ao canto da sereia da modernidade. Se me tivessem falado de um trem, eu teria rejeitado a oportunidade. Tratava-se porém de um metrô. Vivi muito tempo em Paris, e esse meio de transporte me é familiar. Para mim, ele é sinônimo de deslocamento na cidade. Tomar o metrô não é se afastar do Caminho propriamente dito, mas apenas mudar de ponto de partida na mesma cidade. O argumento pode parecer falacioso e é, sem dúvida. Todavia, o pensamento do peregrino não é o do homem comum. Ele conhece alegrias e dificuldades que lhe são próprias. Os esforços que se impõe são desproporcionais em relação aos que um sedentário suporta; do mesmo modo seus prazeres ou, se preferirmos um vocabulário de condenado, seus adiamentos de sentença são regulamentados por um código penal muito pessoal. A sentença, no caso do metrô, foi pronunciada imediatamente pelo tribunal que cada peregrino carrega consigo: eu fui autorizado a usar essa comodidade. Em todo o Caminho, tive direito apenas a duas medidas humanitárias: o ônibus para chegar a Bilbao e o metrô para sair de lá. E não me arrependi.

Recomecei, então, na hora em que os bascos vão trabalhar, sentado na plataforma de um metrô tinindo de novo. Dei-me conta de como agora eu havia compreendido minha nova condição de errante. Antes, eu me sentiria deslocado, no meio de todos os trabalhadores limpinhos e sonolentos, com minha mochila e meus borzeguins comprados em Guernica. Era, porém, o contrário que se produzia: eu estava perfeitamente à vontade e considerava a roupa deles com curiosidade e até mesmo um pouco de pena.

Quando saí do metrô ainda chovia. A célebre ponte suspensa que constitui a atração de Portugalete, e que as duas irmãs tinham elogiado, estava escondida por uma cortina de chuva. Dispensei-me de visitá-la e tomei a direção dos célebres *bidegori*, caminhos vermelhos. Abriguei-me no armazém de uma fábrica de colas industriais para tirar da mochila uma sobrecalça impermeável. É uma felicidade rara constatar que um equipamento é apropriado, e eu tive o prazer de me sentir seco naquele acessório.

As trombas-d'água não paravam. Nessa última etapa no País Basco, elas me ofereciam o privilégio de ver a natureza em sua intimidade, sem testemunhas, vazia, solta. A costa rochosa e as praias, equipadas para receber nos dias ensolarados os piqueniques e os guarda-sóis, estavam geladas, desertas, enroladas em véus de água como beldades adormecidas, tentando esconder a nudez em lençóis.

Sob as rajadas de vento, o salpico salgado e a chuva fria, o caminhante experimenta, nesses momentos de intempéries, mais emoções do que diante das cores de um dia ensolarado. A impressão de pertencer à natureza selvagem, de fundir-se nela, de resistir a ela, sabendo que, se ela insistir, vamos nos deixar enrolar pelas ondas ou levar pelas borrascas, é uma volúpia rara. Talvez nem todos a sintam, mas a raça dos peregrinos do mau tempo existe de verdade, e eu tenho o privilégio de fazer parte dela.

Sem perceber, sobre as escarpas de falésias que dominam o mar, eu me aproximei de uma fronteira. Saí do País Basco e entrei na Cantábria. Uma das últimas visões que tive do Euskadi foi uma dessas cenas atemporais como só o Caminho sabe produzir. Em determinado momento, as setas me conduziriam para perto de uma autoestrada. A pista de velocidade seguia por um viaduto entre duas colinas, e sua plataforma era sustentada por imensos pilares de cimento, com uma altura de várias dezenas de metros. A vereda, por sua vez, descia a colina e passava sob a autoestrada. Debaixo dessas vias não chovia mais. Na vereda, nesse lugar protegido, dois homens conversavam perto de um cavalo. Um deles era um camponês, o outro estava vestido como um cavaleiro, com uma larga calça de couro e um chapéu redondo. Ele tinha apeado e segurava o cavalo pela rédea. Eu não conseguia ouvir a conversa, mas o quadro que eles formavam, sobre o fundo verde das colinas encharcadas de chuva, tinha saído diretamente da paleta de Murillo. Estávamos num lugar qualquer mas muito tempo atrás, nos séculos em que o cavalo era a máquina do homem, quando a terra era cultivada pelo camponês e protegida pelo cavaleiro. Em outras palavras, para o peregrino, que reconstrói passo a passo sua Idade Média, aqueles homens eram contemporâneos. Ao mesmo tempo, longe, sobre nossas cabeças, se ouviam o rugir dos caminhões lançados a toda velocidade na autoestrada e seus eixos se chocando com as junções da ponte monumental. Nada materializava mais o empilhamento do tempo, os estratos da consciência moderna nas quais a camada mais recente apenas se coloca por cima das que a precederam, deixando intacto, embora escondido, o passado com o qual ela pretende romper.

    O cavaleiro voltou a subir na sela. Enquanto eu descia colina abaixo, acompanhando as conchas azuis de São Tiago, eu o vi tomar um caminho de terra e subir para as casas totalmente brancas cercadas por grandes árvores envernizadas de chuva. A felicidade do caminho é feita desses momentos que os que rodam em grande velocidade, lá no alto, na pista sem obstáculos do presente, sempre ignorarão.

Nas balsas da Cantábria

É MELHOR dizer logo: não gostei da Cantábria. Ou antes, apreciei apenas moderadamente a longa porção de Caminho que a atravessa (pois eu sei que em outra parte, no interior, sobretudo em torno dos célebres Picos de Europa, a natureza continua selvagem e esplêndida). O itinerário santiagueiro nessa região pareceu-me monótono, deprimente, maltraçado: muitas passagens ao longo das estradas, muitas paisagens industriais, muitos loteamentos desertos, salpicados de cartazes "à venda"...

Dito isso, o peregrino não é um turista, lembremos. Ele não tem o direito de exigir o sublime em estado permanente, e, se o País Basco o mimou com suas constantes belezas, não é motivo para acreditar no direito de exigir o mesmo das outras regiões espanholas.

No fundo de amargura e tédio que a travessia da Cantábria depositou em mim, destacam-se apesar de tudo alguns momentos muito belos. A província conta com cidades soberbas, e o Caminho permite atravessar várias delas. A primeira é Laredo. Chega-se a ela pelo alto, saindo penosamente de um nó rodoviário. Abaixo, os telhados de telhas vermelhas da cidade velha se comprimem em harmoniosa desordem. O pedestre, como nós, desce suavemente até eles. Ele tem tempo de admirar os campanários e os desenhos das ruazinhas, as praças. E, para terminar, as infindáveis escadas o introduzem no cenário. Ele desemboca numa rua de comércio na qual os passantes o veem surgir de lugar nenhum, descendo os últimos degraus, com o ar um pouco intimidado do sujeito que desembarca na luz no palco de um programa de auditório na televisão.

Esse velho quarteirão é encantador, e nos contentaríamos com ele. Por azar, é a Cantábria, terra de temporadas, entregue há muito à cupidez dos corretores. A imensa praia que em outros tempos prolongava a cidade e que por muito tempo permaneceu um lugar deserto, infinitamente poético, tornou-se uma beira-mar interminável. As mais heterogêneas construções, da vila ao prédio de aluguel com as janelas fechadas, disputam entre si os primeiros lugares de um vertiginoso concurso de feiura. E o caminhante sofre, passando em revista essa imensa tropa de muros em posição de sentido. Imagina-se que, durante alguns belos fins de semana e nas férias escolares, tudo isso se anima um pouco. O calçadão ao longo da praia deve certamente receber algumas crianças, já que se veem espalhadas algumas quadras de jogos. Por ora, não há ninguém. Quando muito algumas senhoras idosas passeavam com os cãezinhos.

Sinais santiagueiros, de longe em longe, conservam nessa beira-mar a lembrança de tempos antigos, quando os peregrinos deviam caminhar ao longo das dunas e contemplar as aves marinhas que sobrevoavam essas solidões. Meu Deus, como essa praia é longa! Os últimos prédios, lá no final, são ainda mais horrorosos que os outros. Sentimo-nos aliviados em ultrapassá-los e avançar para a ponta de areia que se alonga entre o mar e o rio. Ali, de repente, abre-se um estuário selvagem que é preciso atravessar de barca. Não existe píer para atracá-la. O barco gira, fica de lado, e sobe-se nele por uma passarela. Nada, exceto os motores da barcaça, deve ter mudado desde a Idade Média. São momentos de rara harmonia que fazem esquecer todo o resto e até mesmo amar a Cantábria, pelo menos durante os dez minutos de travessia. Foi nesse barco que encontrei o alto-saboiano que partira de sua casa dois meses antes.

Mas a felicidade dura pouco. Novamente estávamos costeando as estradas nacionais. O fato de elas atravessarem paisagens lacustres não é consolo, muito pelo contrário. O caminhante, à flor da água, tem compaixão dos patos e dos peixes e fica ainda mais chocado com o zumbido dos carros que se lançam a toda velocidade. A vereda que ladeia a estrada é salpicada de lixo que os automobilistas jogaram: latas, papéis engordurados, maços de cigarros. Na Cantábria, o caminhante toma consciência pela primeira vez de que ele mesmo é um dejeto. Sua lentidão o exclui da vida comum e faz dele uma coisa sem importância que é enlameada, ensurdecida com buzinas e que tem de ser esmagada. Não bastou, no País Basco, ter se tornado um vagabundo. Era preciso descer ainda mais e se tornar essa coisa desprezada que abre caminho em meio a imundícies. Dizer que essa experiência é agradável seria exagero. Há, contudo, certo gozo nessa ascese. Ao muito lento avanço horizontal da caminhada, acrescenta-se a descida menos progressiva na opinião que se tem de si — ou melhor, que os outros têm de você. Porque é muito comum dizer (mas bem raro experimentar pessoalmente) que a extrema humildade é uma das vias do orgulho. À medida que ele diminui, o peregrino se sente mais forte e até mesmo quase invencível. A onipotência nunca está longe da mais completa ascese. É refletindo sobre isso que nos aproximamos aos poucos do verdadeiro segredo do Caminho, mesmo que seja necessário tempo para descobri-lo.

A Cantábria é uma mestra impiedosa que nos impulsiona no caminho da sabedoria. Mas ela também sabe recompensar. Depois de uma longa dose de asfalto, ela de novo oferece a recreação de um estuário e de uma balsa. O último é o mais bonito, é o que leva a Santander.

Antes de chegar ao cais de embarque, eu tinha andado durante a última hora muito atrás de um peregrino solitário. Ele era notável porque carregava não uma mochila comum como nós todos, mas o alforje medieval. Ele segurava um grosso bastão, muito mais curto e sólido do que o tradicional cajado que vemos nas gravuras antigas. Mesmo assim, era singular.

As últimas centenas de metros antes do embarcadouro atravessavam, para variar, um labirinto de projetos imobiliários de férias, todos fechados, evidentemente. Semelhante cenário provoca de imediato uma sensação de estranheza. Sentimo-nos num filme de Robbe-Grillet. O fato de se perseguir um peregrino desconhecido e misterioso só torna a cena mais insólita.

Quando afinal alcancei o homem do alforje e pude observá-lo de perto, ele me surpreendeu ainda mais. De longe, por causa de sua silhueta, eu tinha imaginado um desses nostálgicos do passado que se vestem com todos os acessórios tradicionais do Caminho, a ponto de parecerem fantasiados. Este, ao contrário, excetuando a bagagem e o bastão, estava vestido de modo absolutamente comum: jeans, blusão impermeável estilo anos 1960, sapatos sociais. Parecia ter saído de casa para comprar cigarros na esquina.

No barco, nos instalamos na proa com outros peregrinos, do tipo caminhantes high-tech, com GPS e calçados Gore-Tex última moda. Cumprimentei o homem do alforje por seu equipamento, observando, em tom de brincadeira, que ele era o único a perpetuar a verdadeira tradição, a que prevalecera durante séculos, até que se acrescentassem alças ao alforje, para inventar a mochila.

— Você chama isso de alforje? — perguntou ele.

Ele olhou para a sua sacola melancolicamente.

— Na verdade — continuou —, eu não me esforcei muito. Peguei o que encontrei em casa e parti.

Conversando com ele, percebi que era sincero. Ao contrário do que eu imaginara, não havia nenhuma intenção particular em sua aparência. Era antes alguém — nunca mais encontrei alguém semelhante a ele — que tratava o Caminho com total ausência de ansiedade, logo, de preparação. Simplesmente, ele não via problema. Havia, de fato, saído de casa com três coisinhas e uma sacola, e tinha caminhado. Ponto, só isso.

Por isso ele era muito organizado. Como víamos o cais de Santander se aproximar, começamos a falar em hospedagem. Ele havia reservado um quarto numa pensão. Quando chegamos, era o único que sabia para onde ir. Ele falava de tudo isso com completa indiferença. Eu tinha a impressão de estar diante de um espécime do qual até então ignorara a existência: o executivo em peregrinação, eficiente, prático, sério, competente. Era de se perguntar o que ele fazia ali. Mas, no meu presente estado de aculturação, já sabia que é uma pergunta que não se faz.

O único objeto que destoava, naquela aparência lisa, era o bastão. Visto de perto, constatava-se que não se tratava de um bastão, muito menos de uma bengala telescópica como a maioria de nós usava; era uma simples estaca de campo. Era de madeira bruta, mal esquadrada, e sua ponta fora talhada grosseiramente com machado e untada com betume. A curiosidade era forte demais, e acabei lhe perguntando o que ele fazia com aquilo.

— Eu fui atacado por cães. Precisei correr, e o único objeto que encontrei para me defender foi esta estaca.

Desde então, ele simplesmente a conservara e se preparara para circular por uma grande cidade carregando um instrumento digno de um homem pré-histórico. Assim, na pessoa daquele estranho peregrino, o medo ancestral dos cães acrescentara aquele engraçado acessório que voltara do Neolítico a uma frieza típica do século XXI.

Antes de minha partida, ao me informar sobre o Caminho, li muitos relatos inquietantes sobre os cães. Na volta, alguns peregrinos fazem narrativas terríveis de seus encontros com esses animais. Eu me perguntara como reagiria se me encontrasse diante desses grandes cães de guarda que os sobreviventes diziam ter enfrentado. Tive sorte ou eles exageraram? Durante todo o meu trajeto, frequentemente ouvi cães latirem, mas seu aspecto era em geral bem menos impressionante que sua voz, e eles estavam, na maioria das vezes, presos atrás de grades ou muros. Encontrei um número impressionante de vira-latas descarnados, ridículos cãezinhos mimados e cachorros velhos. Era para se acreditar que todos os cães perigosos já tinham devorado muitos peregrinos e morrido de indigestão.

O deus do oleoduto

SANTANDER é uma cidade agradável, mesmo para um peregrino. Ela está na medida humana, com suas ladeiras e seus monumentos, mas é grande o bastante para que o anonimato ali seja completo. Podemos nos fundir na multidão sem nos sentirmos intrusos. Em meu ritmo alternado entre acampamento e conforto, estava novamente na hora de descansar numa cama de verdade. Encontrei uma pensão no meu guia e telefonei. Havia vaga e eu fui até lá.

O que eu pensava ser um hotel estava situado numa grande praça da cidade baixa, não longe do porto. No número indicado, encontrei somente um prédio de moradia. A pensão ficava no quarto andar. Toquei a campainha. Uma senhora de certa idade, vestida com elegância e bem penteada, abriu a porta. Pensei ter me enganado, mas era lá mesmo.

A proprietária — era ela — havia reservado alguns quartos de seu vasto apartamento para locação. Exceto três ou quatro cômodos ocupados pelos turistas, nada havia mudado: nem as estampas penduradas nas paredes, nem o piano na entrada, nem os paninhos de renda nas mesas. O salão, à esquerda da entrada, era decorado, se assim se pode dizer, com um inverossímil amontoado de vitrines cheias de bibelôs, de sofás forrados de veludo, de protetores de lareira em tapeçaria.

Atravessei aquele lindo apartamento consciente da rusticidade de minha aparência. Minha anfitriã teve a bondade de não se chocar. Além disso, o lucro que os quartos de aluguel lhe proporcionava era pago com esse inconveniente: deixar entrar naquele casulo personagens malcheirosos e cabeludos. Ela parecia confiante, e sabia que essa prova terminava a seu favor. A civilização se mostrava mais forte que essas selvagerias. Ao final de uma hora, o peregrino saía de seu quarto lavado, barbeado e perfumado. Foi o que eu fiz.

Santander, com suas vielas comerciais, seus bares de *tapas*, suas mercearias cheias de produtos exóticos — para um francês — me agradou enormemente. Comprei, para substituir a que tinha estragado, uma pequena máquina fotográfica digital Kodak, muito barata. Ainda a tenho, e ela funciona muito bem, embora nesse meio-tempo o célebre fabricante tenha falido.

Eu teria me dado um dia de repouso naquela cidade simpática, mas já havia me demorado em Bilbao. O Caminho me esperava. Sentia em mim seu chamado exasperante. Caso decidisse ficar mais um dia na cidade, ele teria me perseguido, fazendo despertar em mim remorso e culpa. Eu tinha clara consciência de que ele fazia sua lei, e era inútil resistir.

Quando voltei à pensão, minha anfitriã tomava chá no salão com amigas. Elas foram bastante caridosas para não prestar atenção alguma ao zumbi que passava pelos tapetes persas da entrada e seguia para o reduto que lhe fora concedido para a noite. De madrugada, deixei o valor do quarto sobre o piano, com a chave do prédio. E parti pelas ruas que os empregados municipais lavavam abundantemente.

Eu não escondi de vocês: para mim foi muito cansativo atravessar a Cantábria.

Sinto o mesmo tédio ao ressuscitar as lembranças dessa parte do Caminho. Aliás, tenho poucas. Minha memória, sempre boa juíza, se apressou em esquecer os trechos monótonos de costa. No máximo restam-me algumas lembranças imprecisas, esparsas, que tenho dificuldade em situar no tempo.

Lembro-me com bastante precisão da saída de Santander, por causa de um santuário chamado Virgen del Mar. Insisti em perguntar aos passantes em que direção ficava essa Virgem do Mar, enquanto atravessava intermináveis subúrbios sem graça.

Meu objetivo não estava apenas defasado no espaço: pelo olhar suspeito das pessoas que eu interrogava, compreendia que esse santuário mariano, outrora lugar de antigas devoções, estava hoje muito distante das preocupações cotidianas dos habitantes da região. Aqueles que ainda sabiam onde se encontrava a Virgen del Mar me recomendavam ir de ônibus. Para justificar minha insistência em ir a pé, eu declarava aos passantes que nada podia me parecer distante, já que me restavam 600 quilômetros a percorrer. A surpresa dava então lugar a uma expressão de extrema desconfiança, até mesmo de repugnância, como alguém totalmente doido em liberdade pode provocar. Em alguns lugares, e era o caso nesse subúrbio de Santander, o peregrino, com suas referências medievais, se parece com os cavaleiros que os filmes cômicos jogam no presente, e que passeiam de cota de malha no meio dos carros.

Passada a Virgen del Mar, tudo se mistura em minhas lembranças cantábricas. Episódios flutuam, mas fora de ordem. Para falar a verdade, as contas que passam nesse longo rosário costeiro são, aos meus olhos, intercambiáveis. Eu as recordo ao sabor de minha memória, e pode ser que inverta sua ordem.

As primeiras imagens que me vêm quando penso nessa parte do Caminho são as das beiras da estrada. O País Basco faz com que os peregrinos passem por bosques, charnecas, em meio aos campos. A Cantábria o alimenta com autoestradas, cruzamentos, estradas de ferro. Com certeza é muito injusto e, calculando-se exatamente os quilômetros, pode ser que minha impressão seja errada. Acontece que, para mim, a Cantábria é o território do asfalto.

O pedestre, por falta de itinerários traçados para ele, se torna um sub-homem da estrada. As vias modernas são construídas para o motor e o pneu. A perna e as solas não são bem-vindas ali. O fato de seguir por vias estradeiras dá a impressão de que o traçado do Caminho não está de acordo com a História. A realidade é inversa, e o guia nunca deixa de sublinhá-lo. O Caminho cantábrico respeita com muita exatidão o itinerário dos peregrinos medievais. O problema é que esse itinerário está hoje convertido em estradas. O Caminho que se segue é ao mesmo tempo autêntico e irreconhecível. Ele não deixa espaço algum para o sonho. Em alguns pontos, é mesmo o pesadelo que ele apresentaria. Perto de Mogro, o Caminho ladeia enormes tubos de metal que levam a uma usina química. Ao longo de quilômetros, o peregrino é acompanhado por canos retilíneos, num cenário de fim de mundo. Os sinais santiagueiros estão pintados a cada 300 metros nos canos, menos para indicar a direção a seguir — só existe uma — do que para confirmar ao caminhante que ele não é vítima de alucinação.

E se nos cansamos de observar as sacrossantas setas amarelas de Compostela, profecias traçadas com tinta branca se encarregam, de longe em longe, de chamar a atenção. "Jesus salva!" está escrito em grandes letras nos tubos. A invocação do Cristo nesse lugar chega a acabar com qualquer esperança do peregrino: o único modo que o Cristo teria de salvá-lo seria afastando-o da deprimente vizinhança daqueles canos de fibrocimento que se estendem até o horizonte.

Para desmoralizar definitivamente o caminhante, esses tubos ladeiam uma das outras especialidades da Cantábria: os loteamentos vazios. O boom imobiliário espanhol foi acompanhado de um frenesi de construções que atingiu particularmente as regiões costeiras. O F4* com garagem ali é apresentado de cem diferentes maneiras. Os projetos foram construídos por toda parte, cada um baseado numa interpretação bem específica da casa geminada. Várias dessas criações são brilhantes e comprovam o talento dos arquitetos espanhóis. Infelizmente, esses conglomerados de pequenas bibocas não constituem urbanismo. Construídos em terreno plano, ou perto de aldeias antigas, esses conjuntos de pavilhões destoam. Vi colinas no topo das quais se pendurava havia séculos uma bonita aldeiazinha, em cujas encostas agora se prolongam loteamentos modernos mais extensos que a cidade milenar que circundam. Essa floração de novas construções seria bastante interessante se fosse acompanhada de uma população. Infelizmente, a imensa maioria desses alvéolos está vazia. Tudo ali foi previsto, salvo os habitantes. Anúncios de "à venda" florescem nas varandas. As venezianas estão fechadas. Aqui e ali, uma casa habitada, com brinquedos no gramado e a roupa lavada nas janelas, evidencia o deserto do conjunto.

Quando afinal saímos do oleoduto, é para chegar a uma usina química. Sentimo-nos, porém, quase aliviados: pelo menos encontramos seres humanos. Caminhões passam. As chaminés lançam no ar uma fumaça acre que logo imaginamos tóxica. Não é agradável; poderíamos esperar coisa melhor. Mas tudo parece preferível à desolação de bairros preparados para a vida e habitados pelo silêncio e pela morte.

---

* O tipo F4 corresponde a casas com três quartos. (N.T.)

Belezas profanadas

Alguns de vocês que visitaram como turistas a costa cantábrica estão provavelmente revoltados com a apresentação negativa que eu fiz. Eles têm vontade de me responder: "Santillana del Mar! Comillas! Colombras!", tantos lugares carregados de História, tantas aldeias consideradas com razão joias da arquitetura.

Esses lugares são belos, admito, mas se me coloco na perspectiva desta narrativa, que é a do caminhante, não compensam em absoluto a monotonia das paisagens industriais. Provavelmente eu não os visitei numa boa época. No auge do inverno, sob um véu de nuvens, por certo eles emitem uma poesia que os situa fora do tempo. Mas no mês de junho, sob um sol quente, esses lugares históricos ficam sepultados debaixo de multidões de turistas. Ônibus, que despejam visitantes vindos do mundo todo, estacionam em seus acessos. As ruazinhas se enchem de curiosos rebocados por guias vociferantes, de guarda-chuva erguido. Seria difícil encontrar uma padaria ou uma mercearia, mas as lojinhas de lembranças se sucedem, cobrindo as velhas pedras com mostruários horríveis nos quais estão pendurados cacarecos. As praças são invadidas por cadeiras de plásticos e barracas dedicadas ao deus Coca-Cola. O cardápio a oito euros e os *boccadillos* desvendam seus encantos em grandes lousas.

Ébrio de solidão, o peregrino fica atordoado com essa confusão. Ele, que não encontrou ninguém, ou quase, no Caminho, se surpreende ao ver proliferar naquelas ruazinhas personagens exibindo tantas conchas de São Tiago e outros atributos do Caminho. Entre eles existem, de fato, alguns caminhantes autênticos. Os outros, em sua imensa maioria, usam mocassins de couro ou alpercatas. Sua elegância, limpeza, frescor são bem pouco compatíveis com a fadiga do Caminho. Compreendemos, quando os vemos voltar para os ônibus, que pertencem à categoria dos peregrinos motorizados. As agências de viagens lhes venderam Compostela, e os conduziram até lá, fazendo breves paradas nos lugares "interessantes".

O peregrino caminhante se revolta muito injustamente contra essas práticas. Afinal, elas tornam a peregrinação acessível a pessoas que não têm nem tempo nem idade para andar mil quilômetros. Para além dos julgamentos de valor, contudo, é verdade que a presença dessas multidões impede a contemplação serena dos monumentos. Na Cantábria, o caminhante é colocado no centro de um dilema: ele dispõe profusamente de silêncio e de solidão, mas é para atravessar paisagens sem graça e ladear estradas monótonas, ou fica diante de maravilhas arquitetônicas, que no entanto mal percebe, perdido no meio de uma humanidade ruidosa na qual a câmera de vídeo substituiu o olho e o ônibus, as pernas.

Eu fugi. Santillana del Mar, "a mais bela aldeia da Europa" segundo Jean-Paul Sartre — o que será que ele fazia lá? —, me prendeu por dez minutos, o tempo de beber um suco de laranja no pátio de um restaurante. Nenhuma das atendentes que eu interroguei conhecia a aldeia. Todas vinham de outros lugares, recrutadas pela estação estival. Um congresso de médicos soma suas multidões e seus ônibus à massa já compacta dos turistas e dos peregrinos motorizados.

Deixei sem remorso aquelas casas majestosas que, aos meus olhos, não pareciam reais, a tal ponto se tornaram um simples cenário, o de uma tragédia moderna que se chama turismo de massa.

E, assim que voltei ao silêncio do Caminho, tive a sensação de ter escapado de um naufrágio. Além do mais, as paisagens após Santillana são de uma serena beleza. Uma ermida deserta, no alto de uma colina, apresenta ao olhar um consolo bem-vindo após as multidões da aldeia. E pensamos que as ermidas talvez já tivessem sido tomadas pela mesma perturbação que há pouco nos fez abandonar a confusão. O espírito do Caminho está ali, no desejo de percorrer o mundo, para fugir e encontrar os outros onde não há ninguém. "Os homens", escreve Alphonse Allais, "gostam de se reunir nos desertos..."

Comillas é um pouco menos abarrotada de turistas, mas a loucura de Gaudí atrai muita gente, e eu só recuperei a paz quando me deitei nos imensos gramados desertos que margeiam os prédios neogóticos da universidade pontifícia.

Quanto a Colombras, é o epicentro da região que os espanhóis que foram fazer fortuna na América do Sul escolheram para construir seus palácios. A chuva caía forte quando ali cheguei. Refugiei-me numa marquise do Museu do Índio, um desses prédios construídos pelos filhos pródigos que retornam dos trópicos. As trombas-d'água tinham expulsado tanto os visitantes quanto os habitantes, e o lugar recuperava um pouco de seu encanto nostálgico.

O lugar é testemunha de outra aventura que não pertence ao mundo santiagueiro, mas ao seu prolongamento: o caminho que os imigrantes traçaram no oceano, bem mais a oeste de Compostela, até as terras americanas. É outra sensibilidade, outra história, e ela não me dizia nada naquele momento. Aqueles palácios vazios me pareciam mais próximos dos loteamentos desertos que desfiguram as cidades e aldeias da região que das obras medievais semeadas pelos peregrinos ao longo do Caminho. Deixei Colombras lamentando apenas ter de voltar a uma estrada nacional. A chuva caía forte e eu encontrei refúgio num motel para caminhoneiros. Durante a noite, o barulho dos caminhões que levantavam jatos de água me serviu de cantiga de ninar. Cada um tem a canção que pode.

Escaldado pelas más experiências, achei que poderia encontrar minha felicidade numa cidade histórica menos conhecida e menos visitada, aonde cheguei junto com o sol, no fim de uma tarde chuvosa.

San Vicente de la Barquera está situada num estuário. O peregrino vê a cidade de longe, atravessando uma longa ponte rodoviária. Os bairros do porto não são atraentes, são dedicados a um turismo de pesca e de banhos que ainda estava fora da época.

Alguns visitantes perdidos perambulavam sob as arcadas de uma rua comercial. O único consolo que encontrariam seriam os enormes sorvetes que tomavam, passeando. Comprei um, acreditando em todos aqueles testemunhos de prazer, e me decepcionei. Munido de minha casquinha de sorvete de framboesa e cassis, saí da cidade baixa e comecei a subir as ruazinhas que iam dar na cidadela. O lugar era mágico. Bem-restaurado mas não muito aperfeiçoado, tranquilo mas não deserto, cheio de lembranças medievais e, contudo, habitado e vivo, o bairro histórico de San Vicente é uma guloseima para o peregrino desesperado. Por mais resistente que seja o caminhante à quinquilharia histórica do Caminho, ele acaba se deixando apanhar pelo jogo da nostalgia. O peregrino gosta de sentir que caminha sobre os passos de milhões de outros que fizeram o mesmo percurso durante séculos. Eis por que, se lhe dão oportunidade — e San Vicente responde a essa expectativa —, o peregrino, qualquer que seja, gosta de sentir as pedras vibrarem à sua volta. Ele experimenta um gozo sem par em deixar a imaginação enganá-lo, embaralhar as épocas, permitir que ele acredite que voltou ao tempo de *O Nome da Rosa*. A cidadela em San Vicente, contrariamente às cidades necrosadas que balizam o percurso cantábrico, permanece um lugar vivo no qual se opera a transmutação do presente em eternidade. Eu tinha terminado meu sorvete fazia muito tempo e ainda estava passeando sob o encanto daquela cidade maravilhosa. Já estava ficando tarde. Decidi procurar um lugar onde passar a noite, entre aqueles muros que me falavam tão intimamente.

No antro do guru

Foi então que descobri, numa construção próxima da antiga prefeitura, um albergue particular. A entrada não era pela rua, mas abaixo. Era necessário passar pela porta de uma garagem no subsolo. Coleções de sapatos de caminhada, cuidadosamente alinhados em escaninhos, indicavam que estávamos mesmo no reino dos pés que cheiram mal, dos quais eu havia me tornado um dos súditos e, a esse respeito, não dos menores. Acrescentei meus fiéis companheiros de Guernica à coleção heterogênea das botinas expostas, e entrei.

O primeiro cômodo, bastante amplo, era ocupado por uma imensa e única mesa comprida. Nas paredes estavam alfinetados numerosos cartões-postais, fotos, artigos de jornais há muito tempo longe do sol — ele não devia entrar nunca naquele subsolo — mas expostos ao oxigênio, embora raro, do ar ambiente.

Pela porta aberta de uma cozinha entravam odores enjoativos de comida. Dois ou três peregrinos, de origens diversas, sobretudo alemã, cruzaram a sala enquanto eu esperava de pé que o hospedeiro aparecesse. Meus congêneres teutônicos me cumprimentaram com cortesia e, para criar entre nós uma cumplicidade de boa qualidade, inspiraram ostensivamente o ar carregado de gordura, fazendo "Humm!" gulosos. A indulgência deles me surpreendeu e, especialmente, me fez compreender que o que estava sendo cozinhado não era destinado ao cão preso na entrada da garagem, mas de fato aos peregrinos.

Um rapaz saiu nesse exato momento do antro de Gargamel e se dirigiu a mim. Suas primeiras palavras foram para me pedir cinco euros (o preço da noite) e minha credencial. Ele me olhava com ar zombeteiro enquanto eu remexia na minha mochila. Sua atitude me fez pensar no herói de um romance americano horrível e violento chamado *Mandingo*. Ele conta a história de um pai e um filho que possuem uma fazenda de criação humana, no Sul americano. O gado é constituído de escravos que eles engordam e forçam a se reproduzir, para vendê-los a plantadores. O filho, apesar de jovem, estava acostumado a tratar aqueles seres humanos como animais, a acorrentá-los e a chicoteá-los sem a menor empatia. Eu me perguntei por um momento se meu jovem carcereiro não iria olhar meus dentes...

Uma vez paga a minha dívida, o garoto me levou para um buraco escuro e abriu uma porta. No que antes devia ter sido uma garagem ou um porão, leitos sobrepostos haviam sido arrumados, tão perto uns dos outros que mal se podia circular entre eles. Empurrando, sem piedade, batavos e coreanos de camiseta, o jovem hoteleiro me levou até uma cama que apontou com o dedo. Em seguida, deu meia-volta e me deixou ali plantado.

Com suas lâmpadas fracas, o teto baixo atravessado por canos e seu reboco amarelo, o lugar me fazia pensar irresistivelmente no PTT Building de Sarajevo durante a guerra da Bósnia. Ocupado com os capacetes azuis de diversas nacionalidades, aquele prédio, recortado por paredes provisórias, era o reinado da cama de campanha e da ração de combate. Para ser totalmente honesto, devo dizer que os capacetes azuis estavam mais bem instalados.

Pousei a minha mochila no colchão que me tinha sido atribuído. Ela ali desenhou um bercinho, deixando-me imaginar até onde o frágil colchão afundaria sob o meu corpo. O leito de baixo era ocupado por um ciclista que, sentado na beira da cama, no momento dedicava-se a massagear seus calos com uma pomada. Era difícil distinguir o que fedia mais: os pés do ciclista ou o unguento marrom com que ele os untava.

O homem me cumprimentou com um *"Bon Camino"* bem impróprio, já que, no momento, o único caminho que me restava percorrer era o que me levaria ao colchão de cima. Por certa tonalidade nasal do indivíduo, formulei a dupla hipótese de que ele era alemão — o que me era indiferente —, mas, especialmente, que ele pertencia à imensa confraria dos roncadores.

Decidi aproveitar minha estada naquele albergue para pelo menos tomar uma chuveirada. Os sanitários estavam escondidos num outro cantinho do prédio, sem melhor iluminação. Para evitar que os peregrinos se entregassem a excessos de consumo de água, as torneiras eram substituídas por botões. Apoiando-se vigorosamente sobre os botões metálicos — o que era impossível quando se tinha sabão nas mãos —, provocava-se uma rápida catarata de água morna, logo interrompida. Eu nunca tinha visto um dispositivo experimental tão sofisticado para gerar pneumonias artificialmente. Por sorte, em alguns minutos de detenção eu já havia adquirido o espírito de oposição de todos os prisioneiros e ajustei um sistema para bloquear o botão com o auxílio de um cotonete cortado enviesado. Eu lhes explico o truque para prevenir, caso o destino os leve a tais limites.

Lavado, barbeado, os dentes limpos, encontrei energia suficiente para encarar a fuga.

Voltei a me vestir e fui à grande sala tentar recuperar minha credencial. Aquela caderneta estava agora cheia de carimbos, e eu tinha orgulho dela. À medida que avançamos no Caminho, alimentar esse precioso documento se torna quase um fim em si mesmo; não estava em questão abandoná-lo em minha fuga. Quando entrei na sala, ela me pareceu ampla e clara se comparada aos buracos escuros de onde eu saíra. Na ponta da grande mesa oficiava um homem maduro, o olhar vivo, o ar austero. Reconheci o pai do garoto que me acolhera — não encontrei outra palavra. Por sua atitude, o homem demonstrava claramente que era soberano em seu território. Quem quer que ali entrasse depositava sua vontade com seus sapatos e devia se prestar à vontade do guru. Ele me interrogou em várias línguas, sabendo que eu era francês, pois tinha em mãos minha credencial. Compreendi que se tratava de mostrar que seu império, como o de Alexandre, se estendia até os confins da Terra e que, numa palavra, ele sabia das coisas.

— Parisiense? — ele finalmente me perguntou.

Eu só podia reconhecer a evidência: meu endereço estava escrito em negrito na credencial.

— Eu também vivi em Paris, há tempos — disse ele sem afastar os olhos de mim. — Em Passy.

— É um bairro bonito — eu comentei, bem tolamente.

— Um bairro de gente rica! Mas eu não era. Vivia num quarto de empregada.

Eu ia responder, para manter a pose, "o senhor devia ter uma bela vista", mas engoli minhas reflexões sobre o sexto andar sem elevador, sentindo vagamente que ele poderia ver nisso uma ironia.

— O senhor mora num belo bairro também — prosseguiu o único senhor depois de Deus. — Mas com certeza não num quarto de empregada...

Troquei o peso de um pé para o outro. A situação era mais crítica do que eu temera. Visivelmente, o cacique do lugar não praticava a usual discrição entre os peregrinos. Ele queria saber tudo, e o interrogatório, caso se prolongasse, corria o risco de me levar a confessar erros que não me seriam perdoados. Imaginei o efeito que palavras tais como médico ou escritor poderiam surtir. Pensei em meu avô, quando de sua chegada como deportado em 1943. Ser bem-visto pelos carcereiros era para ele uma questão de vida ou morte. Essa comparação me fez voltar a mim, e eu avaliei toda a diferença que separava as duas situações. Meu avô era prisioneiro e eram tempos de guerra. Que eu soubesse, ainda era livre e, ao contrário de Sarajevo, San Vicente de la Barquera não era bombardeada. Um sobressalto de orgulho me fez recuperar a consciência.

— Gostaria que devolvesse minha credencial, por favor.

O homem não estava habituado a que lhe fizessem frente. Visivelmente, seus pensionistas não apenas se submetiam às suas regras, como também pareciam ter prazer nisso. Conheço bistrôs em Paris nos quais senhores, diga-se de passagem, autoritários e habituados a comandar, vêm se entregar, na hora do almoço, ao prazer masoquista de se fazer maltratar por um patrão insolente e grosseiro. As chicotadas morais que ele lhes aplica durante a refeição parecem revigorá-los e lhes dar novo ânimo para atormentar seus próprios subordinados à tarde. Provavelmente porque eu não gosto nem de obedecer, nem de comandar, esse tipo de prazer me é estranho, e o guru do subsolo deve ter percebido.

Ele tentou uma manobra dilatória.

— Não seja apressado — disse ele apontando o queixo na direção de um registro sobre o qual estava depositada uma pilha de credenciais. — Ela lhe será devolvida quando registrada.

Essa pobre tentativa de me reter estava votada ao fracasso, e ele sabia. Cada um de nós observou em seguida as regras tácitas de uma coreografia destinada a evitar qualquer incidente. Voltei ao dormitório e peguei minha mochila. O responsável pelo albergue tinha abandonado por um momento o trono quando eu atravessei a grande sala, e ela estava vazia. Logo recuperei minha credencial que o hoteleiro havia guardado com as outras, e me dirigi ao local dos calçados. Foi só amarrá-los às pressas, e eu estava do lado de fora. Respirei profundamente e subi até os terraços da cidadela. A virtude do ar livre e das velhas pedras é fazer esquecer no ato que existem lugares de clausura, de feiura, de asfixia. Sem dúvida tive razão em fugir. Não que o julgamento feito sobre aquele albergue fosse obrigatoriamente justo. Outros peregrinos, encontrados mais tarde, me disseram até que foi uma das melhores paradas. Aquele que eu tomara por guru se revelara, parece, um anfitrião entusiasmado, regalando os convivas com canções entoadas em coro até tarde da noite. Sem dúvida eu perdi alguma coisa, mas, para mim, salvei o essencial: a poesia nostálgica daquele lugar de memória que requeria antes a solidão que os refrãos folclóricos.

Não se pode dizer, contudo, que minha deserção ficou impune: não encontrei nenhuma outra morada, já que me proibia o conforto de um hotel, e passei sem me deixar tentar, contudo, por uma pensão chamada Galimard. A noite caía. Decidi montar minha barraca um pouco ao acaso, mas, estando ainda na Cantábria, esse acaso me sugeria como único espaço disponível o declive herboso acima de uma autoestrada.

Peguei meu fogareiro e cozinhei em seu fogo fraco um ensopadinho sem grandes méritos. Em seguida, adormeci sob minha frágil barraca, embalado pelo ruído de caminhões e ônibus.

Adeus ao litoral

As melhores lembranças que guardei da Cantábria eu devo aos momentos em que me perdi. Num dia de chuva, escolhi um atalho num cruzamento e me vi perdido em plena montanha. O caminho habitual me teria retido na planície à beira das estradas, mas ali eu me encontrei galgando uma encosta escarpada no meio de espessas moitas envernizadas pela chuva. Lá no alto, desemboquei numa longa crista plantada de pinheiros e eucaliptos. A intervalos, o vento soltava as brumas e eu descobria a costa, longe, lá embaixo. A estrada não era senão uma bonita serpente negra que deslizava na vegetação das pradarias, distante, silenciosa, finalmente! Do outro lado, para o interior, as aberturas nas nuvens deixavam emergir por instantes altas montanhas negras. A proximidade dos magníficos Picos de Europa se revelava assim, entre duas borrascas. Ela me permitia adivinhar a existência de outra Cantábria, que eu gostaria de descobrir um dia, e que o Caminho, infelizmente, não mostra. Eu conheci, naquela manhã, a felicidade de me ter perdido na natureza, sem concha para descobrir, sem ruído de caminhões nem loteamentos desertos. Orientei-me, como fazem os montanheses, recuperando de repente a visão de conjunto que se deve ter quando nós mesmos traçamos o itinerário, por montes e vales, orgulhoso por ter tirado do pescoço a coleira subjugadora do Caminho. Após longa descida nos bosques, vi-me numa pequena aldeia adormecida. Só havia movimento num café-tabacaria-empório no qual me sequei e devorei um farto sanduíche.

Uma cliente toda vestida de negro, enrugada e que tinha como penteado um coque grisalho, me perguntou se eu era francês. Ela falava nossa língua com perfeição, com um sotaque que misturava a insolência parisiense e as asperezas espanholas. Ela sentia falta de Batignolles. Durante os trinta anos que passara ali, ela não deixara de sonhar com sua aldeia ao pé da montanha. E desde que voltou para ela, o metrô, a Place Clichy e os bistrôs auvérnios assombram suas noites.

Perto de mim, ela se alimentou com uma lufada de ar parisiense, me fez falar dos lugares que conhecia, para saber se haviam mudado. Redescobri a antiga função dos peregrinos da Idade Média que propagavam notícias e ligavam mundos.

Em seguida, pegando a cesta deformada por grandes pães e garrafas de vinho tinto, minha parisiense da Cantábria se foi na tempestade, envolvendo seu coração em algumas pérolas de nostalgia que ela havia tirado de mim.

À medida que eu me aproximava das Astúrias, o litoral se tornava mais escarpado. Assumia, às vezes, uma aparência escocesa, com seus rochedos negros e suas pradarias de um verde cru que se sobrepunham aos jatos de espuma. Era como se o mar, sentindo que em breve eu iria deixá-lo, exibisse todos os seus encantos, para que eu levasse dele uma boa recordação. Eu, que não lhe dera atenção enquanto ele estava parado e monótono, comecei a contemplá-lo com emoção e a gostar de sua presença a ponto de estabelecer meus bivaques em sua vizinhança. Ofereci a mim mesmo algumas das mais belas noites nos promontórios atormentados, cercados de jatos de água e coroados de tempestades. Tive direito a crepúsculos coroados de bruma dourada e a auroras pacíficas, violeta como os lábios de um recém-nascido. Em meu sono, sempre leve, se misturavam latidos de cães, longe, nas fazendas, e o murmúrio bem próximo da ressaca que urdia sem cessar seu complô militar contra as terras.

Nessas últimas paradas costeiras, a selvageria da orla exercia sobre mim tal fascínio que me apressei a ir até ela. Atravessei cidades sem prestar atenção aos seus supostos encantos. Já tinha o suficiente de arquitetura balneária e de restaurantes típicos, de fábricas de conserva de peixe e de fábricas de sidra pitorescas. Foi só o tempo de mandar carimbar minha credencial, engolir o cardápio do dia a dez euros, e mesmo, às vezes, um cardápio anticrise a oito, ou mesmo a sete euros, e seguia de novo as conchas para chegar ao litoral. Sempre mantive relações bem estranhas com o mar. No Senegal, eu ficava irritado por encontrá-lo todos os dias debaixo de minha janela, parado, uniformemente azul, riscado de pirogas. Mas hoje, quando penso nele, vejo-o durante a estação das chuvas: a ilha de Gore fustigada pelos granizos vindos do oceano, o mar amarrotado pelos dedos nervosos do vento, orlado com espuma fina. Sinto uma saudade que nada consola.

Na Cantábria, conheci a mesma alternância de rejeição e apego. Impacientei-me por ter de suportar a intolerável companhia daquele mar desprovido de fantasia e, ousaria dizer, de conversa. Depois, no momento de deixá-lo, apeguei-me a ele a ponto de sofrer com a ideia de nos separarmos, e isso antes mesmo que o Caminho me afastasse dele. As últimas noites em sua companhia foram dolorosas de prazer. Peço licença para confessar que é esse o paradoxo de minha vida inteira.

Sem dúvida não sou o único a sentir as coisas e os seres no momento em que eles nos deixam. Mais do que outros, porém, eu levei adiante o vício, ou a gula, de me afastar muitas vezes daquilo que tenho de mais caro, para estimar seu valor. Jogo perigoso no qual se pode ganhar muito, mas no qual se pode perder ainda mais.

Antes de deixar a Cantábria, tive de enfrentar um último perigo. Durante uma etapa verdejante, o Caminho segue por espaços gramados, esmeradamente cuidados, que de início tomamos por um presente inesperado da natureza. De imediato, contudo, compreende-se que aquela natureza não é natural: o itinerário atravessa um campo de golfe. Jogadores o percorrem, arrastando os caddies. A dúvida se instala na mente do caminhante, e logo um cartaz apaga qualquer equívoco. "Atenção às bolas", está escrito. Percebemos então que caminhamos exatamente no percurso, sem nenhuma proteção. Levando-se em conta a boa vontade das populações locais com os peregrinos, pensamos que alguns jogadores podem ser tentados a melhorar seu handicap abatendo com uma tacada precisa um desses intrusos. Só recuperei a calma quando saí do campo, o que me tomou mesmo assim uns bons 15 minutos, correndo em disparada.

Chegou afinal a hora da separação: o momento em que o Caminho deixa definitivamente a costa e se encrava nas terras. O drama acontece não longe da aldeia de La Isla, que não me deixou uma lembrança notável. O afastamento é progressivo, continuamos a perceber por muito tempo trechos das falésias, pedaços de cristas, o horizonte. Depois, tudo acaba: o campo o cerca. Você está nas Astúrias.

Cantábria: escola de frugalidade

Q UANDO cheguei a esse ponto do caminho, tinha me tornado um perfeito peregrino. É um estado que se traduz por alguns sinais exteriores e, principalmente, por um novo estado de espírito. Já evoquei a sujeira do caminhante: ela não é inelutável, e não é absoluta. Alguns peregrinos de carteirinha são clientes escrupulosos dos chuveiros postos à disposição nos albergues. As poucas roupas que carregam lhes impõem lavagens cotidianas que eles realizam assim que chegam à parada. Pelas peças de vestuário que secam nas imediações dos refúgios se compreende que cada um tem uma ideia bem própria da higiene, que raramente é completa. A camiseta é universalmente o objeto de cuidados cotidianos. É o estandarte que mais flutua na entrada dos campos cercados, ocupados pelos peregrinos. Vêm, em seguida, as meias. As outras roupas são mais raras nas cordas, e é fácil deduzir o que é usado todos os dias sem ser lavado.

O peregrino solitário é, evidentemente, o menos motivado a manter-se limpo. Já sublinhei a rapidez com que me transformei num mendigo celestial. O percurso cantábrico acabou de me instalar na negligência. Barba descuidada, calça manchada, camisa impregnada de suores ressecados, eu conhecia bem meu cascão, experimentando o prazer de estar protegido por ele como por uma armadura. Quando nos entregamos ao mundo sem teto nem carro, quando sentimos fisicamente ao nosso redor o infinito das paisagens, quando nada prende o olhar, algum ponto cardeal que ele contemple, quando o caminho se estira a perder de vista adiante e atrás, sem dúvida ficamos mais confiantes se andamos cercados por nosso próprio odor ao qual parecem se reduzir todas as riquezas de que ainda dispomos. Quando os peregrinos se encontram, inconscientemente mantêm distância. Caso se aproximem, o fedor do outro os convence de que correm o risco de serem indiscretos: dois passos a mais e eles entram no espaço de alguém.

O trecho cantábrico, depois das belezas bascas, tem outro mérito: ministra ao peregrino em vias de aperfeiçoamento uma lição suplementar de humildade. Por pouco, no início, ele teria acreditado que o caminho estava à sua disposição, traçado para encher seus olhos. Algumas dezenas de quilômetros de asfalto enternecem aquela carne ainda bastante dura: o peregrino está ali para andar, quer isso lhe agrade ou não, quer lhe bastem ou não as paisagens! Oleodutos de cimento e fábricas, loteamentos desertos e acostamentos para paradas de emergência, rotatórias e subúrbios industriais são necessários para alguém se tornar um verdadeiro peregrino, livre de qualquer pretensão turística. Esbofeteado por suas provas, o caminhante se sente de início grogue. Em seguida, conforma-se com seu destino. Começa então uma nova fase do Caminho: ela já não exige o entusiasmo, mas o hábito e a disciplina. O peregrino obedece ao Caminho, como o fez, sem perceber, desde o início, mas agora age sem reclamar. Ele encontrou seu mestre. Todas as manhãs ele calça os sapatos como quem se enfia num macacão de trabalho. Seus pés se adaptaram às solas, seus músculos se soltaram, o cansaço lhe obedece e se esvai ao fim de determinado número de quilômetros. O peregrino peregrina como o pedreiro constrói, como o marinheiro parte para o mar, como o padeiro cozinha suas bisnagas. Mas, à diferença desses ofícios recompensados por um salário, o peregrino não espera retribuição alguma. Ele é um condenado que quebra pedras, uma mula que gira em torno de um poço. O ser humano é, contudo, feito de paradoxos, e a solidão permite observá-los bem: o santiagueiro se extasia ao encontrar no fundo dessa servidão uma liberdade inédita.

O condenado se alegra quando, por um instante, não está acorrentado, ao passo que a mula fica toda feliz se for levada por um caminho reto. Do mesmo modo, forçado ao pior, o peregrino se sacia com o menor consolo. Um raio de sol o seca quando ele está molhado até os ossos, andando nas poças de um acostamento: ei-lo radioso. Ele para num bistrô horrendo perto de um posto de gasolina, e que maravilha! O presunto é delicioso e o pão, macio: ele se deslumbra. Encontra uma árvore para se abrigar do sol do meio-dia, e os cães que latem desesperadamente na fazenda que ficou para trás estão presos por uma boa cerca: ele fecha os olhos de felicidade. A Cantábria ensina a frugalidade e obriga o caminhante a melhor utilizar os sentidos para descobrir na superfície de uma realidade sem graça os haustos da felicidade, das flores de bondade inesperadas.

Um dia, após um interminável trajeto por uma estrada retilínea prostrada de calor, entrei na prefeitura de uma aldeia para conseguir meu carimbo. Porque, antes de encher a barriga, o perfeito peregrino sabe que deve, inicialmente, alimentar a credencial.

As salas estavam desertas, atulhadas de papéis. Enfiando-me pelos corredores, mochila nas costas, eu sabia estar cada vez mais deslocado. De repente, topo com uma funcionária. Ela fica confusa. Explica-me que os peregrinos nunca param ali. Não há carimbo para eles. Eu lhe peço desculpas, preparo-me para sumir. Ela, porém, convida-me a ficar. Remexe numa mesa, depois noutra. Encontra por fim um carimbo qualquer. Mesma manobra para desencavar uma almofada. Ela desaparece. Fico plantado ali. Os dossiês empilhados me olham com severidade e me censuram silenciosamente por sujar aqueles belos escritórios com meus pés imundos e minha camiseta colada pela transpiração. A mulher retorna. Ela me entrega a credencial carimbada e, com a outra mão, me estende um pequeno chaveiro com as armas de sua cidade. Suponho que assim se fazia, após a guerra, com os prisioneiros que voltavam para casa. Tenho a impressão de que estamos num filme de Gérard Oury, e me esforço para sorrir com o mesmo ar de Bourvil em *A grande escapada*. Há algo de terno e ao mesmo tempo poderoso nesse encontro. Por um momento tive vontade de beijar minha benfeitora, e não é impossível que a mesma ideia lhe tenha passado pela mente, pois um homem livre que cruza sua vida ao meio-dia, por mais sujo que esteja e — quem sabe? — justamente por isso, pode provocar desejos obscuros numa funcionária da prefeitura. De repente, contudo, lembrei-me de que eu era apenas um condenado fugitivo. O Caminho me pegou pelos ombros e me levou de volta a ele.

    Pendurei o chaveiro na minha mochila. Ele ainda está lá.

No alambique do Caminho

As TRANSFORMAÇÕES físicas do peregrino não são nada comparadas à sua metamorfose psíquica. Quando ele chega à fronteira das Astúrias, ela já está bem adiantada, mas ainda longe de completa. O caminhante já conheceu centenas de horas de solidão. Ele avança para o Grande Segredo, embora ainda apenas o pressinta.

Como resumir o lento processo? Em parte, ele é intraduzível, como todas as transformações mentais que procedem de provas físicas. Podemos, contudo, desvendar algumas grandes etapas nessas evoluções.

Na partida do Caminho, pensamos demais. O desaparecimento de todas as referências conhecidas, a progressão para um destino tão distante que parece inacessível, a impressão de nudez que produz sobre o caminhante a imensidão que o cerca, tudo é propício a uma forma particular de introspecção que somente o ar livre pode produzir. Estamos sozinhos conosco. O pensamento é a única presença familiar; ele permite a reprodução de diálogos, o apelo às lembranças com as quais sentimos uma proximidade bem-vinda. O caminhante encontra a si mesmo com emoção, como se de repente encontrasse um velho conhecido. Projetado no desconhecido, no outro lugar, no vazio, no lento, no monótono, no interminável, ele deixa o pensamento se aconchegar na intimidade dele mesmo. Tudo se torna exaltante e belo: as lembranças, os projetos, as ideias. Surpreendemo-nos rindo sozinhos. Estranhas mímicas se formam no rosto, destinadas a ninguém, já que temos por única companhia as árvores e os postes telegráficos. O passo, como se sabe, age sobre o pensamento como uma manivela: ele o sacode, põe em marcha, recebe sua energia de volta. Avançamos no ritmo dos sonhos e, quando eles estão a todo vapor, quase corremos. Lembro-me de ter vencido as primeiras etapas numa velocidade impressionante. Eu não tinha intenção alguma de realizar feitos, mas, como justamente diz a expressão familiar, "a alegria dá asas". Essa fase é breve; não se pode esquecer de saboreá-la. Porque a exaltação não dura. O pensamento, aos poucos, decai, como essas barcas rápidas que a velocidade ergue e, ao se aproximarem do porto, recaem lentamente na água.

O caminhante, ao fim de algumas horas, percebe outra presença: a de seu corpo. Esse instrumento de praxe silencioso começa a ranger. Diversas corporações que compõem essa complexa administração se apresentam ruidosamente uma após outra, começam a reivindicar e acabam berrando todas ao mesmo tempo. A digestão é a primeira a se manifestar com suas bem conhecidas armas: a fome, a sede, a barriga roncando, as tripas se torcendo, impõem uma parada... Os músculos vêm em seguida. Não importa o esporte que se faça habitualmente, nunca se treinam os músculos certos. O desportista que abordou o Caminho com a arrogância daquele que já viu de tudo será o primeiro a se surpreender de, apesar de tudo, sentir dor em todo canto. A pele que, em geral, sabe se fazer esquecer se fará lembrar ao caminhante em todos os lugares nos quais algo inche, coce, irrite, fure. Os órgãos desprezíveis, as necessidades, as contrariedades, sobem das profundezas do corpo e acabam ocupando os andares nobres. Interrompem a alegre sarabanda das imagens e dos sonhos, à qual o peregrino tinha se abandonado no início.

O peregrino, então, age com autoridade. Para afastar as exigências subalternas — às quais, todavia, é forçado a dar respostas práticas —, decide obrigar-se a pensar. Isso se chama refletir.

O esforço já existe, mas ainda provoca felicidade. O caminhante diz a si mesmo que, depois de se ter contentado com o que lhe passava pela cabeça, é hora de abordar metodicamente as questões sérias. Cada um traz em si um número variável, mas sempre excessivo, de assuntos delicados: decisões procrastinadas, projetos aos quais não se dedicou tempo suficiente, interrogações metafísicas às quais não se teve a coragem de responder.

Inicia-se, então, um período de concentração mais ou menos longo conforme os indivíduos, durante o qual ele se esforça para pensar por encomenda. Pessoalmente, eu não resisti muito tempo. Descobre-se depressa que é excessivamente difícil não se distrair caminhando. Os sinais santiagueiros a descobrir, os carros a evitar, os cães a vigiar com o rabo do olho se somam, para nos distrair, a todos os alarmes provenientes do corpo, da sola dos pés aos rins, no lugar onde pesa a mochila, do crânio que o sol esquenta aos ombros que as alças da mochila cortam. Por certo as ideias acabam vindo se nos esforçamos um pouco. Os problemas se apresentam com certa clareza; pode até acontecer de se entrever uma solução...

Mas quando se atravessa uma aldeia, quando se vai encher o cantil na fonte, quando se conversa com um passante, tudo desaparece de uma vez: a solução que se tinha percebido, o problema ao qual se respondia, o próprio assunto... No terreno consternado do espírito perturbado, queima, solitária, uma bolha no calcanhar que, contudo, se pensava estar curada.

Essa derrota do pensamento produz rapidamente uma verdadeira depressão. Como se entregue a uma estéril convulsão, o peregrino oscila entre a resignação e um sobressalto desesperado. Lembro-me de ter, uma manhã, decidido que dedicaria um dia de caminhada, a despeito do que acontecesse, a concluir o projeto de um romance que eu planejava escrever. Passei aquele dia num vale perdido, indicado apropriadamente no meu guia como uma das mais selvagens e belas paisagens do País Basco. A vila era composta de três casas, entre as quais um bar. Eram dez horas da manhã. Entrei nele. Uma garçonete encantadora arrumava o lugar para o almoço. Havia aumentado o volume do som ao máximo, e um rock ensurdecedor fazia o lintel de granito das janelas estremecer. A sala era decorada no estilo mais típico das fazendas do País Basco. Tudo era de madeira antiga, cobres martelados, mosaicos encerados. Pela porta, via-se uma virgem de gesso tão forte que criava naquele ambiente tranquilo uma atmosfera de combate. E era de fato como uma arma que a garçonete utilizava os decibéis do heavy metal. Uma luta de morte se travara entre aquela moça, sua beleza, sua juventude, seus sonhos e, à sua frente, as velhas paredes, a solidão rural, a doçura religiosa. Bebi meu café no balcão, e a moça, sorrindo, me ofereceu um pedaço do bolo que saía do forno. Sem dúvida ela me era agradecida por não ter lhe pedido para abaixar a música. No combate que se travava ali, não havia lugar para os neutros, era preciso tomar partido, e eu havia escolhido o dela. Quando me retirei, estava com a música na cabeça e, na memória, o sorriso um pouco desesperado daquela moça. Via então de modo diverso o paraíso que aquele vale parecia ser. Não cheguei a considerá-lo totalmente um inferno, mas compreendia que se quisesse fugir dele. Essa divagação me levou até um curso de água que o Caminho cortava. Ao molhar os pés, recuperei a noção das coisas. E descobri, com surpresa, que já não tinha mais nenhuma lembrança dos pensamentos que havia trabalhosamente elaborado para realizar o meu programa da manhã. Pior ainda, não tinha a menor vontade de retomá-los.

Concluí a etapa daquele dia quase tão desesperado quanto a garçonete do restaurante campestre, mas sem música.

É nesse momento, no auge do desespero, que se torna mais tentador aderir à dimensão religiosa da peregrinação. A bem dizer, ela estava quase esquecida, em todo caso, no Caminho do Norte, no qual circulam poucos peregrinos, a tal ponto a atmosfera geral é profana e a tal ponto é raro que alguém aborde esse assunto. Quando as frescas evocações do debate se esgotaram, quando não se conseguiu disciplinar o pensamento determinando-lhe objetivos sérios, quando, em resumo, o vazio ameaça e, com ele, o triunfo do tédio e dos pequenos estorvos do corpo, a espiritualidade aparece como tábua de salvação. Ela tem, sobre o pensamento profano, a grande vantagem de ser amparada por múltiplas referências religiosas que a paisagem oferece, desde que se queira atentar para ela. O guia que levamos e que consultamos a cada etapa menciona escrupulosamente as abadias, as catedrais, as vias-sacras, as capelas, as ermidas que balizam o Caminho. Quase nos espantamos por ter prestado tão pouca atenção a eles até agora. E dizemos a nós mesmos que, decididamente, a peregrinação guarda artifícios inesperados para nos levar à fé. Por pouco não anunciaríamos o milagre. É o momento em que nos tornamos ávidos de explicações históricas até ali negligenciadas. O fluxo milenar dos peregrinos que passaram por aqueles caminhos começa a imprimir na mente sua marca espiritual, e por menos motivados por esses aspectos da caminhada que tenhamos sido no início, alegramo-nos. A fé aparece como alternativa à regressão animal que ameaça tão concretamente. Ser homem seria conhecer Deus ou, pelo menos, procurá-lo. O animal persegue sua presa; o ser humano busca sua salvação. Tudo se esclarece.

Essa descoberta produz uma catarse bem-vinda no espírito do caminhante que se esgotava pensando sem o conseguir. De repente, ele pode abandonar o combate sem temor. A mente pode esvaziar-se, o corpo e suas necessidades podem submergi-la, inutilmente a paisagem pode impor suas figuras cambiantes, submeter-nos sem a menor revolta à contrariedade da chuva ou às dentadas do sol, nada disso é sério. Porque sabemos que dali a um quilômetro, ou dali a dez, uma igreja vai nos oferecer o abrigo de suas abóbadas frescas, o consolo de suas pedras, a misteriosa permanência do divino. Crente ou não, deixaremos a mente mergulhar nessa água pura, e conheceremos essa espécie particular de batismo que constitui a manifestação da transcendência no coração do ser.

O que até então era um dado virtual, a saber, que nos situamos na imensa filiação dos peregrinos que fizeram o caminho ao longo dos tempos, torna-se, naquele instante, uma evidência concreta, uma certeza vinda tanto do mundo quanto do corpo e que toma conta de toda a mente. O peregrino em risco de desespero conta de repente com o socorro dessa multidão invisível, como se as almas dos que passaram por ali viessem apoiá-lo, preenchê-lo, dar-lhe coragem e força.

Para mim, essa transformação se produziu no final do percurso cantábrico, quando, deixando a costa e embicando para o interior das terras, eu me aproximei de Oviedo.

Astúrias, das profundezas do tempo

SE COMPOSTELA foi o objetivo profano de meu itinerário, Oviedo constituiu o ponto culminante de sua parte religiosa. Feliz por ter recebido a revelação da dimensão espiritual do Caminho no momento em que começava a sentir minha motivação diminuir, entreguei-me a partir das Astúrias a uma exploração metódica dos santuários ao longo dos quais eu passava. Quando se tem esse apetite, porém, as pequenas capelas campestres, as vias-sacras e os eremitérios são mercadorias aperitivas. A fome do peregrino em fase de misticismo não pode ser saciada por esses petiscos. Eles só podem contemporizar enquanto se espera o prato de resistência espiritual constituído pela cidade santa de Oviedo.

Os peregrinos da Idade Média, aliás, consideravam essa cidade um destino inevitável. Um célebre provérbio afirma: "Quem vai a Santiago sem passar por Salvador venera o servidor e negligencia o Senhor." São Tiago é uma figura de segundo plano em relação ao Cristo Salvador a quem é dedicada a basílica de Oviedo. É, pois, um primeiro termo da peregrinação que atingimos com essa cidade. A partir dela, começa outra viagem, com a qual muitos, aliás, se contentam: *Camino Primitivo*. Nas Astúrias, cujas montanhas protegiam das invasões árabes, o rei Afonso II, no século VIII, ao saber da descoberta das relíquias do santo em Compostela, decidiu ir pessoalmente ver o milagre. Partiu de Oviedo e traçou o caminho da primeira peregrinação. Chegar a Oviedo é, de algum modo, alcançar o termo de uma viagem e preparar-se para iniciar uma nova. No que me diz respeito, Oviedo foi o ponto alto de minha (breve) peregrinação cristã. A verdade é que o Caminho até essa cidade foi intenso e belo, bem diferente das primeiras etapas profanas e das que se seguiriam.

Tudo se combinava para tornar aquela parte do Caminho admirável. Para começar, saí da Cantábria e de sua costa, afastei-me do mar que até então havia constituído uma referência e um guia. Abandonar aquela inclinação costeira era sentir o orgulho da criança que dá os primeiros passos sem o apoio da mão de um adulto. O desconhecido que são as terras, mesmo reduzido pela marcação santiagueira, era mais excitante do que a longa litania das praias e das angras.

Em seguida, encantei-me pelas Astúrias. O Caminho ali é traçado com os mesmos cuidados que no País Basco, conduzindo o caminhante para longe das estradas, reabrindo para ele antigas *calzadas*. Algo de áspero, de primitivo e, ao mesmo tempo, de grande nobreza imediatamente me impressionou nas Astúrias. Seu símbolo é uma pequena construção que se chama *hórreo*. Vindo das profundezas do tempo (dizem que nasceu no Neolítico), o *hórreo* é um celeiro sobre pilotis. Os pilares que o mantêm suspenso sobre pedras achatadas, talhadas em forma de disco, que impedem os roedores de penetrar na parte superior. Originalmente, os *hórreos* eram cobertos de palha e rodeados por uma estrutura de madeira onde se secavam ervas, espigas de milho, flores.

Esses modestos *hórreos* foram muitas vezes desfigurados por escadas de cimento, telhados de telha ou de zinco e janelas. Muitos foram transformados em garagens, galinheiros, galpões agrícolas. E alguns, perfeitamente conservados, erguidos sobre suas patas de pedra, dão orgulhosamente testemunho de um passado que se conta em milênios. Essa simplicidade rústica felizmente contrasta com a pretensão sofisticada, que esperamos efêmera, dos loteamentos que desfiguram a costa.

No escrínio montanhoso dessa maravilhosa região, as lembranças santiagueiras e os lugares de culto ganham também uma força particular. Porque as Astúrias são a região dos santuários pré-romanos.

Algumas dessas igrejas são bem restauradas, como a vizinha ao mosteiro de Valdedio. Outras são muito pouco conservadas. Descobri uma delas numa aldeia que parecia abandonada. Vendo-me rondar a construção, uma velha senhora me chamou. Pôs uma peruca atravessada na cabeça, mandou se calar um cão que tinha com ela uma semelhança perturbadora e, pegando uma grande chave, me mostrou a igreja. Eu estava tomado pela graça nessa parte do Caminho, e aquela exploração me tocou profundamente. A característica desses edifícios pré-romanos é que, não sendo dotados de tetos com abóbadas cruzadas, são construídos com paredes inteiriças nas quais as raras aberturas são do tamanho de estreitas seteiras. A escuridão no interior é total. Mesmo que estejam acima da terra, essas estrutruras dão aos que nelas penetram a impressão de estar em catacumbas. As paredes não são esculpidas, mas pintadas de afrescos que imitam colunas e janelas de que as paredes não dispõem. No feixe de luz da lâmpada ruim que minha acompanhante carregava, surgiam rostos barbudos, abas de vestes, asas de águia ou chifres de touro. Não adiantava eu saber que eram inspiradas no Evangelho; aquelas figuras, traçadas com ocre numa parede rugosa que parecia pertencer antes a uma gruta do que a uma igreja, davam a impressão de terem vencido mais de um milênio. Pareciam contemporâneas das distantes épocas pré-históricas às quais pertenciam os *hórreos*. Assim, nas Astúrias, o cristianismo mostrava raízes de uma profundidade insuspeitada que o relacionava com as formas mais primitivas da espiritualidade. Isso aumentava o fascínio que eu sentia por aquela religião.

Uma escada levando ao campanário fora acrescentada à construção, sem dúvida no século XVII. Perguntei à minha guia de quando datava aquela lamentável transformação. Ela me respondeu que certamente era muito antiga. E, como prova de sua afirmação, acrescentou: "Ela já estava aí quando eu nasci." Em seguida me disse sua idade. Era a minha. De repente, senti-me um pouco abatido.

Com sua peruca mal-ajustada, os movimentos convulsivos e o andar cambaleante, a pobre mulher estava muito mal. Ela aumentava a deterioração do lugar, e a visita constituía, por causa dela, uma cruel preparação para a morte. A figura triunfal do Cristo ressuscitado era por essa razão mais convincente. Senti uma imensa vontade de me atirar aos pés da cruz e implorar que Deus me desse a graça da saúde neste mundo e a da vida eterna no outro. Assim é que eu me situava na mesma condição dos homens da Idade Média e particularmente na dos peregrinos, extenuados de sofrimentos, postos à prova pelo Caminho, e que recuperavam a esperança na mornidão escura desses santuários.

Minha cicerone não me dispensou de nenhum cantinho de seu monumento. Encontrava, às vezes, a ajuda de uma lâmpada nua pendurada a um fio. Ela a acendia, acionando um interruptor de baquelita, que produzia um som ao mesmo tempo oco e rangente que lembrava minha infância.

O único gesto que a pobre mulher executava com notável agilidade era o pequeno movimento da mão à saída do edifício: a palma aberta se estendia para o visitante para receber algumas moedas, e logo as escondia nas escuras dobras, provavelmente pré-romanas, de seu avental bordado. Perguntei-lhe, antes de deixá-la, se a igreja ainda era consagrada. Ela me disse que um padre celebrava a missa todos os domingos. E, com um resto de orgulho que deve ter iluminado toda a sua vida, me disse que aquele padre era seu irmão.

Baco e São Paulo

EM POUCOS quilômetros, as Astúrias oferecem um contraste impressionante entre o cristianismo rústico, primitivo e pobre e a pompa dos ricos mosteiros. Em Valdedio, monges saídos diretamente de um quadro de Zurbarán cantavam as vésperas no escrínio de ouro de um maravilhoso altar barroco. Comparado à piedade rude da igreja de interior, com seu velho padre e sua irmã enferma, aquele quadro parecia remeter a outra religião. Mas a força do cristianismo é justamente manter esse afastamento entre formas tão opostas de espiritualidade. Entre os monges em seu castelo sagrado que chamamos de abadia e a plebe dos padrecos do interior em suas igrejas sumárias que lembravam antes um galpão de feno do que uma catedral, os mesmos símbolos e os mesmos rituais estendem uma sólida ponte. Ao longo de séculos, o cristianismo deu à Europa seu poder e sua grandeza, mas em geral à custa de um grande imobilismo social que supostamente respeitaria a ordem instaurada por Deus. Cada um tinha seu lugar determinado naquela sociedade. Remetendo todas as mudanças para depois da morte, prometendo que os últimos se tornariam os primeiros, convidando a suportar as injustiças à espera de um único e último julgamento que seria de Deus, a ordem cristã estendeu na Europa, sobretudo na muito católica

Espanha da Reconquista, uma rede de malhas finas na qual cada um, onde quer que estivesse, se encontrava preso como um peixe numa nassa. A partir de agora, a rede se rasgou. A razão, o progresso, a liberdade se soltaram e produziram sua obra: nosso mundo desencantado, materialista, no qual cada um, pretensamente igual aos outros, tem toda a liberdade de explorar seus semelhantes.

A peregrinação oferece a oportunidade única não apenas de reencontrar os vestígios do mundo desaparecido da cristandade triunfante, mas também de experimentar o que ele era. De santuário a ermida, de mosteiro a capela, o caminhante pode ter a ilusão de que nada mudou.

Ao mesmo tempo, ele compreende quase fisicamente que esse manto de lugares consagrados, esse tecido cristão com o qual a Europa foi tão longamente envolvida, havia apenas coberto povos e lugares que na verdade não tinham perdido nada de sua barbárie. A maioria das construções religiosas consagradas à glória do Cristo está erguida sobre santuários muito mais antigos, dos quais alguns remontam à pré-história. As escavações arqueológicas reconhecem a presença subterrânea desses lugares de culto, romanos, celtas, neolíticos no local em que hoje se ergue uma igreja, ou um calvário. O caminhante, porém, não precisa que lhe digam isso para perceber. Ele, que vem a pé, sente de longe as presenças telúricas, os eflúvios mágicos, as ondas espirituais que emanam de uma fonte escondida no fundo de um valezinho ou de um cume rochoso que emerge da sombra de uma floresta. Ele se sente tocado, à medida que desce por um desfiladeiro ou, ao contrário, que se eleva rumo a um promontório, por terrores sagrados que certamente eram decuplicados nas épocas em que os homens andavam nus, ameaçados pelos animais selvagens, pelo raio e pelas pestes. E nesses lugares, que parecem ser a morada natural dos gênios da terra ou do céu, ele não se surpreende ao encontrar edifícios cristãos, último elo da longa cadeia de santuários que, no coração do perigo, vinham implorar a clemência das forças da natureza.

Foi através de tais experiências que eu compreendi o papel prodigiosamente libertador que o cristianismo exerceu no início, antes de ele mesmo ser transformado em instrumento de opressão. Porque, ao contrário das religiões primitivas que traduzem apenas o medo do homem pelos deuses e lhes pagam um tributo para se assegurar de sua benevolência, o cristianismo entrou em cena como um poderoso instrumento dado aos humanos para vencer a morte. O Cristo, na luz de sua ressurreição, é uma espada brandida acima dos crentes para defendê-los contra a natureza. Dota o cristão da força de repelir para o nada os gênios ameaçadores, desprezar os malefícios, desafiar os perigos dos lugares mais afastados. Purgando a natureza dos deuses de toda espécie que povoavam as nuvens e as montanhas, as florestas e as fontes, a religião cristã de algum modo assumiu a defesa da humanidade e lhe ofereceu o mundo todo. A humanidade, em seguida, não conheceu mais limites para a sua expansão, desde que para cada lugar recém-explorado não se esquecessem de acrescentar um abrigo consagrado no qual o Cristo pudesse montar guarda.

Mas o caminhante pode também constatar até que ponto a rede cristã pegou em sua nassa populações que permaneceram profundamente pagãs. Tive a experiência ao sair do mosteiro de Valdedio.

O caminho sai do santuário serpenteando a montanha. A vista se estende sobre o conjunto da paisagem, e a abadia, do alto, parece um lugar de paz e de harmonia no fundo de seu vale verdejante. Quando se chega à crista, encontra-se uma estrada nacional usada por caminhões. No momento em que eu acabara de perder de vista o santuário de Valdedio, entrei num restaurante de caminhoneiros e agricultores para ali almoçar.

A grande sala estava incrivelmente ruidosa. Conversas gritadas por vozes ásperas se inflamavam em todas as mesas. Os rostos corados estavam iluminados pelo vinho que, aparentemente, corria a rodo. O cardápio do dia oferecia por alguns euros um exagero de calorias sob a forma atraente de carnes de porco, legumes flutuando na maionese e carnes grelhadas regadas com molho gorduroso. Ninguém prestou atenção no peregrino que se instalava num lugar livre, perto da porta. Os olhares, as bocas cheias se abriam para engolir novos alimentos e soltar risadas tão fortes quanto os molhos.

Duas garçonetes bem jovens, rechonchudas e com pouca roupa, tentavam circular entre os convivas. Seguravam as bandejas bem no alto, acima da cabeça, para evitar que o movimento de um bêbado as derrubasse. Ao fazer isso, deixavam a parte de trás desprotegida. As mãos dos homens passeavam nelas alegremente. Algumas, por mais rugosas e escuras de óleo que fossem, acompanhavam com suavidade o contorno carnudo dos quadris. Outras, mais voluntariosas, ou menos controladas sob o efeito do álcool, chegavam a fazer ressoar naquelas gorduras sonoros tapas cujo som conseguia dominar a confusão. As garçonetes davam gritos, aumentando a alegria geral. Uma delas, em determinado momento, descompôs um dos comensais que deve ter infringido as regras tácitas do jogo e deixado que os dedos passeassem além do perímetro autorizado. A moça berrava e o homem, hilário, a impedia de sair do canto da sala no qual ela fora entregar uma bandeja. Durante a discussão, os outros, atrás da pobre moça, lançavam ataques covardes contra suas nádegas, que a faziam dar as costas a ele.

A cena era brutal, selvagem, inacreditavelmente primitiva e, ao mesmo tempo, desprendia uma espécie de alegria animalesca, báquica, pagã. Estávamos a mil léguas do silêncio monástico e das vozes celestes que, não longe dali, cantavam salmos sob as folhagens ornamentais cobertas de ouro fino. Essa proximidade permitia entrever que luta desesperada deve ter oposto, durante séculos, a ordem cristã, com suas pompas e sua moral, à essência pagã do povo. O reino, o poder e a glória da Igreja se impuseram, mas não mudaram a natureza profunda do homem. Ele até mesmo criou uma espécie de simbiose entre a paz do Cristo, que o retiro dos monges fora do mundo simbolizava de modo extremado, e a entrega do povo às paixões simples e brutais. Aos profanos eram autorizados os prazeres da carne, da alimentação e do vinho, desde que se encarregassem das rudes funções do trabalho e da reprodução. Assim, os monges da abadia e as garçonetes da birosca formaram ao longo dos séculos uma dupla sólida, embora paradoxal, que sobrevivia intacta naquele canto da Espanha rural.

Um único elemento era estranho à dupla: eu. Quando me dirigi com respeito às garçonetes, com voz suave e as mãos tranquilamente pousadas na mesa, longe de me serem agradecidas por minha civilidade, elas me olharam com desprezo e voltaram rindo, para se deixarem beliscar nas coxas.

Inicialmente, surpreendi-me, mas, pensando bem, cheguei à conclusão de que essa reação era bem natural. Indivíduos do meu tipo, afastados tanto do fervor monástico quanto dos apetites brutais, são criaturas nascidas da derrocada da ordem cristã. Pior, são também sua causa. Ao lutar contra a supremacia religiosa, essas consciências livres fizeram emergir um novo homem cheio de orgulho que, de um lado, pretende se libertar da fé, de seus mistérios e de suas regras, e do outro, dos instintos primitivos, dos apetites brutais e do reino da força.

Esse homem moderno proliferou a tal ponto que substituiu o império da Igreja por seus próprios instrumentos: a ciência, a mídia, as finanças. Ele fez desaparecer a ordem antiga. E, na nova, os camponeses e os monges não têm mais lugar. As garçonetes estão órfãs de seu mundo por causa de indivíduos como eu. Senti que merecia, ou pelo menos compreendia, o desprezo que elas me demonstravam...

Um belo recorte de cristandade

Durante todo aquele trecho do caminho, multipliquei as experiências espirituais, visitando cada ermida posta em meu trajeto, participando dos ofícios da noite nas capelas e nas igrejas. Pude avaliar em que estado particular se encontra hoje o pequeno mundo da cristandade, particularmente na Espanha.

Se as missas dominicais ainda reúnem muita gente, os ofícios da noite atraem apenas pessoas muito idosas. O serviço do padre parece ser feito apenas para elas, e eu vi alguns oficiantes apressarem as coisas, irritados por desperdiçar o talento com um público tão pequeno.

Em alguns lugares, o fervor permanece impressionante apesar (ou por causa) do vazio dos edifícios. Lembro-me de uma noite no País Basco em que, numa igreja úmida ornada por simples cruzes de ferro forjado, uma mulher bem jovem desfiava as ave-marias, rolando os "r", desencadeando respostas ásperas da assistência, semelhantes a avalanches de pedra. À medida que se repetiam as simples e breves palavras da prece, sentíamos crescer a tensão na igreja. Apesar do número relativamente restrito de fiéis ali reunidos, o lugar parecia cheio de energia espiritual. Quando, finalmente, o padre apareceu no coro, sua presença provocou uma verdadeira catarse e talvez alguma emoção mais íntima.

Ao passar de um lugar de culto a outro, o peregrino realiza um verdadeiro recorte geológico através dos diferentes estratos cristãos do país.

Nas faustosas catedrais, ele encontra a elite do clero, os padres mais santos, ou os mais hábeis, aqueles que souberam se safar bem na vida e conseguiram, embora ainda sem a púrpura, ricas prebendas, dioceses confortáveis, as mais belas paróquias. No outro extremo, no interior profundo, mal sobrevive um clero próximo dos costumes pagãos que ele supostamente deve combater. É ali, naquele lúmpen clerical, que se encontram os efeitos da pobreza, da promiscuidade e da tentação que são os estigmas do Cristo. Padres incompetentes, por vezes alcoólatras, fornicadores talvez, quando são recrutados entre os pobres pastores do campo talvez possam ser, se não absolvidos, pelo menos julgados com clemência. Eles não cultivam seus vícios como privilégios de ricos, mas como raros consolos que lhes são oferecidos durante uma vida de miséria. São personagens de Graham Greene mais que de Barbey d'Aurevilly.

Veem-se também intrometer-se às vezes, nas fileiras espaçadas desse clero de base, indivíduos mais modernos cujo percurso permanece um mistério. Foi um desses espécimes inclassificáveis que encontrei certo domingo, na Cantábria. Na noite anterior, eu me instalara nos prédios para peregrinos de um imenso mosteiro azul. Ali fiquei sozinho por muito tempo até a chegada de duas coreanas. Ao me verem, elas foram se refugiar no fundo do dormitório. Foi então que percebi o desleixo de minha aparência: depois de dias e noites de caminhada e de bivaques, eu devia ter um aspecto bem suspeito, para não dizer ameaçador, pelo menos para asiáticas cujo primeiro cuidado ao chegar foi se limpar totalmente, até as solas dos calçados.

No dia seguinte, domingo, celebrava-se missa na capela do mosteiro. Fiquei tentado a assistir, pois os monges que me receberam tinham um fervor e uma humanidade impressionantes. Lamentavelmente cometi o erro de me fixar em considerações práticas. A missa do mosteiro começava tarde e eu escolhi a mais matinal, da igreja da diocese, situada um pouco acima.

Era uma construção gigantesca cujo estuque começava a cair. Temia-se que, um dia, um fiel que tivesse vindo encontrar o céu visse o teto da igreja cair antes sobre sua cabeça.

Uma dezena de comadres estacionava sob o pórtico, enquanto eu me instalei numa fileira, tentando impregnar-me com a pouca espiritualidade que flutuava naquele lugar. As mulheres vociferavam, interpelavam-se rindo. O tempo passava. De repente, no meio das conversas agudas ressoou uma voz grave, uma bela voz de barítono. Era evidentemente propriedade de um macho, orgulhoso de seu órgão, e que aproveitava todas as suas harmonias. Virei-me e vi um barbudo de uns 40 anos um pouco forte, vestido com muita elegância, pavonear-se no meio das paroquianas. Parecia que elas se endomingaram apenas para agradá-lo. Uma criança de aproximadamente 10 anos, meio gorda, de cabelos pretos e traços bovinos, era empurrada pelas comadres. De onde eu estava, ouvi vagamente falarem de primeira comunhão. O padre pareceu encantado de contar com um novo fiel e se pôs a dar-lhe tapinhas no rosto, a lhe massagear o couro cabeludo e depois os ombros. A criança mantinha o rosto sério e não reagia.

Calculei o atraso que a missa poderia sofrer; decididamente não foi proveitoso ir até lá. O mosteiro não demoraria a começar o ofício e, se eu tivesse ficado para a missa, teria perdido menos tempo. O padre ainda estava com roupas civis. Seria preciso esperar que ele se trocasse. Continuando os vinte diálogos entusiasmados que ele mantinha com as mulheres, avançou pela nave, segurando firmemente diante de si o menininho. Por fim, protegido por aquele refém, desapareceu na sacristia.

Para minha grande surpresa, ele saiu de lá quase imediatamente, com uma sobrepeliz jogada sobre o terno. Caminhando até o microfone, dirigiu-se sem demora à assistência. Apenas o sinal da cruz, executado às pressas antes de abrir a boca, distinguia aquela arenga do discurso de um político durante um comício.

Nada de homilia, nenhum elemento da liturgia reconhecível, nenhuma referência evangélica. O que o padre nos apresentou durante intermináveis minutos foi apenas uma dissertação sem plano ou objetivo sobre a atualidade, a crise financeira, a guerra na Líbia, o governo Zapatero, a concorrência econômica chinesa, o tráfico de animais selvagens, o futuro do carro híbrido, a solidez do euro, a previsão dos tsunamis, a razão de ser dos parques naturais etc.

O fluxo de suas palavras não se esgotava. Por sua expressão, o padre declarava o extremo prazer que tinha em se mostrar dessa forma ao público. Entre duas frases de efeito e gestos expressivos, ele agarrava o coroinha como para ser sua testemunha. Ora, quando evocava fenômenos violentos, ele lhe dava socos nas costas, amassava-lhe as orelhas; ora, quando se acalmava, acariciava ternamente a cabeleira frisada da criança. Esta permanecia impassível sob as carícias e sob os tapas. Ninguém parecia se ofender com aqueles gestos, contudo, ambíguos. A aldeia havia visivelmente abandonado aquela dócil presa ao pároco, assim como se joga um camundongo vivo a uma víbora.

De vez em quando eu lançava olhares inquietos ao relógio. Meia hora havia se passado sem que o oficiante decidisse abordar um dos componentes clássicos da missa.

As paroquianas, bem sentadas em suas cadeiras, ouviam balançando de vez em quando a cabeça, por cima da qual passava a maioria das afirmações que o artilheiro verbal lhes lançava. Evidentemente, elas tinham tomado uma decisão diante de um fato consumado que, no início, lhes parecera singular: a missa daquele padre extrovertido não parecia uma missa. Estava, porém, bem próxima dos talk shows que ocupavam as telas de seus televisores, e elas não se sentiam deslocadas.

Suponho que, ao fim de seu interminável discurso, o padre confusamente despacharia a comunhão, mas confesso não ter tido paciência de esperar até lá. No momento em que, depois de ter acertado as contas com o autoritarismo de Putin, ele atacava a delicada questão das transferências de jogadores no futebol europeu, eu me levantei e me encaminhei para a saída. Senti que o padre se interrompeu um instante. Segurando com firmeza a criança junto de si pelos ombros, com aquele breve silêncio ele tomou a assistência como testemunha de uma evidente vitória sobre os adversários que ele não hesitava em atacar. O olhar das comadres, com um sorrisinho, me acompanhou até a porta, e eu assumi, não sem mal-estar, o papel do demônio que a firmeza do pastor acabara corajosamente de purgar do santuário.

Encontrei-me do lado de fora, peregrino como antes, mas um pouco atordoado. Caía uma chuva fina. Esse episódio foi um dos que marcaram o fim de meu período religioso. Homem de pouca fé, sem dúvida, em todo caso, julgando inútil ouvir na igreja o que podia ler nos jornais, comecei a sentir os efeitos secundários da overdose de cristianismo que eu me havia imposto. Eu tinha cada vez menos atração pelos ofícios noturnos, tão semelhantes a extremas-unções. Não corria mais para as capelas, nem para os mosteiros. E desagradava-me alongar minha estrada para passar diante da enésima ermida, na qual ardia o mesmo círio e murchava o mesmo buquê.

Liberto desse derradeiro e último invólucro protetor, o peregrino que eu era no limiar da terceira semana estava finalmente nu, pronto para acolher a verdade do Caminho. Eu havia rejeitado os sonhos, em seguida os pensamentos, e, finalmente, a fé. O que me restava depois dessas mudanças sucessivas? Logo eu iria descobrir, enquanto a subida se fazia mais íngreme e o ar mais puro.

Nas pegadas de Afonso II e de Buda

Em Oviedo, tudo é nobre: as igrejas, a catedral, as ruas, os pórticos, as fachadas. No solo, evidentemente, também seria necessário que o caminho fosse marcado pelos sinais santiagueiros mais luxuosos: conchas de bronze engastadas no granito dos pavimentos. Essas conchas levam à mais notável placa horizontal que se pode encontrar: ela se situa não longe da catedral. É um retângulo de metal brilhante que materializa uma grande bifurcação compostelana. Em linha reta, tomando-se uma ruazinha que desce serpenteando, rumamos para Gijón: é a continuação do Caminho costeiro. Se preferirmos sair em busca da outra seta, entramos por largas avenidas no *Camino Primitivo* e vamos para as montanhas.

Eu tinha localizado aquele cruzamento na véspera, ao visitar a cidade. Quando saí no dia seguinte, ao amanhecer, as ruas e praças estavam desertas. Nenhum turista sem consciência sujava com seus tênis ímpios a comovente placa de bronze. Coloquei-me na vertical dessa separação histórica e efetuei lentamente, e com toda a consciência, o primeiro passo que iria me precipitar nas pegadas de Afonso II, no século IX de nossa era. "Um pequeno passo para o homem, um grande passo para a humanidade."

A descoberta das relíquias de São Tiago em Compostela é, por certo, duvidosa. A presença do santo Apóstolo nessas extremidades ibéricas é literalmente incompreensível. Em outras palavras, ele não tem nada a fazer ali. Foi preciso inventar uma história bem rocambolesca de barca a bordo da qual seus despojos teriam sido colocados e que, à deriva, teria chegado à Espanha, para explicar o fato de que os ossos de um homem morto em Jerusalém pudessem ter sido descobertos oito séculos mais tarde, a 3 mil quilômetros de lá. Tudo bem. *Credo quia absurdum* [Creio porque é absurdo]. Afinal, não é desagradável ouvir histórias. Acreditar nelas, quando tudo nos leva a duvidar, depende da soberania de espírito de cada um: se a mim agrada ver uma verdade nisso...

O que continua sendo uma construção histórica bem frágil e sujeita a dúvida revelou-se, porém, um golpe político magistral. Abrir uma peregrinação para oeste era reequilibrar uma cristandade que até então tudo levava a se deslocar para os santuários orientais: Roma e Jerusalém. A multidão móvel dos crentes* lançada nas estradas da expiação pelo castigo e pela

---

* A noção de "multidões de pobres peregrinos" é contestada por alguns historiadores medievalistas. Eles afirmam que os peregrinos da época eram em sua maioria nobres e mercadores, e o exame dos documentos não encontra traço de migrações maciças como se gosta de imaginar atualmente. Ver o artigo: Louis Mollaret e Denise Péricard-Méa, "Le triomphe de Compostelle", *Saint-Jacques-Info* [on-line], Histoire du pèlerinage de Compostelle [O triunfo de Compostela, *Saint-Jacques Info* [on-line]. História da Peregrinação a Compostela].

A tese deles (contestada, porém, por muitos outros pesquisadores) é de que a peregrinação sempre foi um investimento político para a Igreja. É verdade que sua criação corresponde ao período da ocupação da Espanha pelos árabes. A redescoberta das relíquias no século XIX e a retomada da peregrinação por Leão XIII correspondem à pressão leiga da época. O impulso novamente dado em 1937 à peregrinação foi justificado como um apoio "da França católica à Espanha católica", na época da guerra civil etc. (N.A.)

promessa iria, na esteira de Afonso II, espalhar-se de leste a oeste na direção do Finisterra europeu, a Galícia, que contempla o naufrágio do sol nas águas do Atlântico. E essa pressão peregrina não se exerceria, não importa onde: ela iria apoiar-se nas terras ocupadas pelo Islã. Desde as Astúrias, reino que permaneceu cristão graças à ajuda do relevo, a Reconquista se pôs em ação, com o primeiro ato hábil e relativamente inofensivo. Sair para venerar relíquias ainda não é alinhar exércitos. A vanguarda dos peregrinos é um primeiro avanço que parece ainda pertencer à esfera privada. Depois, muito mais tarde, viriam os grandes batalhões de Castela. Dizer que a tomada de Granada está latente na peregrinação a Compostela seria talvez muito apressado. A verdade é que com o rei Afonso tem início uma história que irá muito mais longe. Aliás, o próprio São Tiago, conforme os lugares e os períodos, será representado ora como um pobre peregrino, fraco e desarmado, ora sob os traços de um temível cavaleiro, ao qual é, aliás, atribuído o apelido de Matamouros.

 No estado de embrutecimento em que me encontrava, andando pelas ruas, essa epopeia forneceu-me matéria para sonhar. A partida do *Primitivo* me projetava numa escolta do rei Afonso. Eu tentava ver com meus próprios olhos e imaginava os relevos que eu atravessava na época em que não estavam atulhados nem de calçadas e pistas, nem de prédios e lojas. As personagens de bronze em tamanho natural que os espanhóis gostavam de espalhar em suas cidades como estranhas silhuetas imóveis me pareciam ter sido as testemunhas petrificadas, em sua imobilidade de estátua, da saída triunfal de Afonso de sua capital. Por muito tempo, duas ou três horas talvez, conservei tendência a sonhar a ponto de imaginar os estandartes estalando ao vento fresco dos vales, os aldeões reunidos para aclamar o rei, a procissão dos cortesãos impacientes em cavalgar o mais perto possível do monarca. Estes, eu os imaginava bem: a vida me ofereceu o privilégio de observar de perto esses grandes animais, felinos menores ou feras carniceiras, reproduzidos identicamente desde a profundeza dos tempos e por séculos e séculos, treinados para bajular os poderosos bem como desprezar os fracos, e que a existência, a despeito do que se diga, recompensa contra toda moral: quero falar do povo eterno e temível dos puxa-sacos.

Cedo, porém, esse último esforço para dar aos meus pensamentos uma direção e uma forma acabou me esgotando. Perdi o fio do Caminho, parei de distinguir sua direção e seu relevo e confiei minha sobrevivência de caminhante à verificação automática e em pouco tempo inconsciente das conchas ao longo dos muros.

Uma estranha doçura tomou conta de mim. Não sentia mais dor em parte alguma, arrastado por centenas de quilômetros percorridos. Meus desejos emagreceram mais rapidamente que eu: reduziam-se a algumas ambições, algumas fáceis de serem satisfeitas: comer, beber; outra, bastante inacessível, mas tinha decidido: dormir. Comecei a perceber em mim a presença de um delicioso companheiro: o vazio. Minha mente não formava mais imagens, nenhum pensamento, muito menos projeto. Meus conhecimentos, se é que os tive, tinham desaparecido nas profundezas, e eu não experimentava necessidade alguma de apelar a eles. Ao descobrir uma paisagem, não me vinha ao pensamento que ela poderia se parecer com a Córsega nem com outro lugar que eu tenha conhecido. Via tudo com um frescor deslumbrante e acolhia a complexidade do mundo num cérebro que se tornara tão simples quanto o de um réptil ou de um estorninho. Eu era um ser novo, aliviado de sua memória, de seus desejos, de suas ambições. Um *Homo erectus*, mas de uma variedade particular: a que anda. Minúsculo na imensidão do Caminho, eu não era nem eu mesmo nem outro, apenas uma máquina de avançar, a mais simples que se possa conceber, e cujo fim último, tanto quanto a existência efêmera, consistia em pôr um pé diante do outro.

Então, diante de meus olhos descerrados, as Astúrias exibiram todos os seus encantos. Aqueles dias maravilhosos foram uma pavana interminável de vales selvagens e de cristas suntuosas, de aldeias invioladas e de caminhos traçados como carícias divinas no flanco das montanhas.

Foram horas verdes como as pastagens de altitude e noites azuis como o céu de aço que cobria aquelas paisagens. A pureza das fontes que saciam no momento em que temos sede, a maciez loura dos pães de aldeia, a doçura perturbadora do vento que desliza seus dedos na cabeleira rígida de poeira do caminhante, tudo entrou em mim com força, sem a mediação de um pensamento, sem a sombra de um sentimento, de impaciência ou de pesar.

Atravessei florestas e cruzei desfiladeiros, atravessei as águas negras de uma barragem e encontrei *hórreos* enormes, erguidos sobre colinas como fabulosos quadrúpedes; caminhei à sombra rangente de gigantescas máquinas eólicas e dormi no alto de promontórios rochosos que ladeavam imensos precipícios plantados de coníferas e de carvalhos verdes.

E ali, nesses esplendores, o Caminho me confiou seu segredo. Ele me soprou sua verdade que logo se tornou minha. Compostela não é uma peregrinação cristã, porém muito mais, ou bem menos, conforme o modo como se recebe essa revelação. Ele não pertence propriamente a culto algum e, a bem da verdade, podemos pôr nele tudo o que desejarmos. Se ele tivesse de estar próximo de uma religião, seria a menos religiosa delas, a que não diz nada sobre Deus, mas que permite ao ser humano aproximar-se de sua existência: Compostela é uma peregrinação budista. Liberta dos tormentos do pensamento e do desejo, arranca toda vaidade do espírito e todo sofrimento do corpo, apaga o rígido invólucro que cerca as coisas e as separa de nossa consciência; põe o eu em consonância com a natureza.* Como qualquer iniciação, ela penetra no espírito pelo corpo e é difícil partilhá-la com outros que tiveram essa experiência. Alguns, voltando da mesma viagem, não trazem a mesma conclusão. Minha proposta não tem como fim convencer, mas apenas descrever o que foi para mim essa viagem. Para usar uma fórmula que só aparentemente é engraçada: ao partir para Santiago, eu não estava procurando nada, mas encontrei.

---

* O atual renascimento da peregrinação e seu imenso sucesso popular não são estranhos a esse mal-entendido. Concebida pelos cristãos nos anos 1960, a moderna mitologia do Caminho, com suas inumeráveis rotas, suas referências às "multidões" de peregrinos da Idade Média, seu ideal de pobreza, encontrou eco muito além do mundo católico. A peregrinação está em consonância com uma espiritualidade contemporânea mais sincrética, mais flutuante e muito mais enquadrada pela Igreja. Muitos dos que se lançam nos caminhos de Compostela são atraídos pelos valores de despojamento, de união com a natureza e de desabrochamento do eu que, sem dúvida, faltam nos primeiros tempos da peregrinação. Sua atitude é menos cristã que pós-moderna. Podemos formular a hipótese de que, se Compostela fosse proposta por outra religião (à semelhança das peregrinações asiáticas ou orientais), eles participariam dela do mesmo modo. Isso demonstra, se fosse preciso, que não é necessário buscar nas religiões orientais uma espiritualidade que falta no mundo cristão. O dalai-lama não perde oportunidade de lembrar aos ocidentais que querem se unir ao budismo tibetano que eles podem se embeber inicialmente das fontes cristãs. (N.A.)

Encontros

Esse novo estado não é sinônimo de solidão, muito pelo contrário. O peregrino de Compostela que chega a essa fase de evolução se dispõe a acolher seus semelhantes com a mesma facilidade e a mesma naturalidade com que comunga com a natureza. Ele o faz, como todo o resto, sem desejo ou projeto, sem ilusão ou segundas intenções. Foi nesse estado que eu tive os mais belos encontros.

Devo dizer que, no que me diz respeito, esse novo estado tomou uma forma mais filosófica que religiosa. De repente tive a intuição de que o Fatalista de Diderot por acaso se chamava Jacques [Tiago]. Sentia-me bem nessa disposição simplista e inocente do jovem cavaleiro que se surpreende com o mundo e rumina as sentenças de seu capitão. Recitava para mim mesmo, sorrindo, a deliciosa introdução do romance:

"Como eles se encontraram? Por acaso, como todos. Como se chamavam? O que lhes importa? De onde vinham? Do lugar mais próximo. Para onde iam? Será que sabemos para onde vamos? O que diziam eles? O mestre não dizia nada; e Jacques dizia que seu capitão dizia que tudo o que acontece de bom ou de ruim aqui embaixo está escrito no alto."

Era nesse estado de espírito que agora eu avançava, e graças à boa disposição que ele produzia em mim pude ficar disponível e aberto aos outros.

Um lugar simbolizou para mim essa nova fase do Caminho: o mosteiro de Cornellana. Cheguei lá ao fim de uma longa etapa que me levou inicialmente a Grado. A cidade, nas alturas, é a sede de uma feira muito animada. Ocupava as praças e as ruazinhas do velho bairro quando por ali passei. Percorri as bancas sem comprar nada, com um sorriso beatífico nos lábios, ávido de admirar, mas sem apetite. Em seguida, fui me sentar numa pracinha à mesa de um café. Fazia muito calor e a praça estava cheia de gente — espanhóis com suas famílias — conversando animadamente.

De vez em quando, eles davam uma olhada preocupada para o céu. A chuva que temiam chegou rapidamente, manchando o chão pavimentado com grandes gotas. Todos os consumidores saíram correndo. Eu permaneci sozinho na praça, sentado, imóvel, sorrindo, olhando a água inundar a mesa.

Forçoso é reconhecer que o estado budístico do peregrino não o torna muito reativo. Ele passaria até mesmo por estúpido, de tal maneira a beatitude que o invade extermina não apenas todo o seu espírito de revolta, mas até todo o espírito de iniciativa. A garçonete veio correndo, uma toalha aberta sobre a cabeça, para embalar minha comida e fechar os guarda-sóis. Sua passagem fez com que eu decidisse me levantar. Sem pressa, fui me abrigar sob o pórtico de uma casa.

Dois caminhantes — um rapaz e uma moça — entravam, então, com passo regular na ruazinha alta na qual estava desenhado um sinal santiagueiro: sem dúvida a continuação do Caminho. A moça me olhou e sorriu. Era muito bonita. Correspondi ao seu sorriso com naturalidade, como teria sorrido a uma cerva que tivesse atravessado um bosque diante de mim. Havia muito tempo que eu não ficava zen assim. Visto de fora, provavelmente passaria por imbecilidade.

A chuva afinal parou e eu saí de Grado. Os dois peregrinos tinham desaparecido havia muito. O Caminho não era bonito: ele passava ao longo das estradas nacionais, atravessava cruzamentos modernos. Pouco importava. De vez em quando, as setas amarelas ou as conchas azuis me faziam sinais. Eu falava a linguagem delas. O ambiente me parecia uma imensa Santiaguelândia na qual todo mundo era gentil e seguia seu caminho.

Eis que, pouco mais adiante, as setas me levam a atravessar um rio que em seguida eu devo ladear. Um passeio foi construído ao longo da margem: eu o sigo e cruzo com espanhóis que respiram ar fresco. A vista de um peregrino os deleita, e eu respondo à saudação deles com um sorriso tolo. Eles devem ter pensado que fumei cinco ou seis baseados.

Finalmente, na extremidade do passeio, distinguem-se as torres da grande abadia de Cornellana. Decidi fazer uma pausa por ali, desde que encontrasse um lugar.

Quando chego diante da entrada do mosteiro, que surpresa e que decepção! O edifício está em ruínas. Tufos de mato crescem entre as pedras esculpidas da igreja; o frontão do grande dormitório está caindo aos pedaços, os vidros das janelas estão quebrados. Nada é mais triste do que um lugar em que se rezou tanto, e que Deus cruelmente deixou ruir. Esse encontro acontecia para mim na hora certa: eu acabara de me distanciar da fé. A ingratidão do céu, portanto, confirmou meu afastamento dos rituais. O lugar, contudo, conservava uma espiritualidade fascinante que se desprendia das paredes leprosas, do silêncio e talvez também de um invisível sedimento deixado sobre as pedras por séculos de orações e privações.

Já ia seguir meu caminho quando notei um pequeno cartaz anunciando "Albergue de peregrinos" convidando a contornar o edifício. De fato, nos fundos do prédio, abria-se um pátio no qual dormitórios tinham sido adaptados. Um hospedeiro barbudo com cara infinitamente triste me acolheu, carimbou minha credencial com um gesto cansado e me convidou a me instalar. Por um momento acreditei que o homem era um monge, membro de um resto de comunidade sobrevivente nos escombros do antigo convento, que sua melancolia provinha do desastre do qual ele talvez tivesse sido testemunha. Assim é que, muito tolamente, perguntei-lhe, como estava habituado a fazer, a que horas eram as vésperas.

Ele me olhou com desconfiança. Inicialmente, pensou que eu estava caçoando; quando compreendeu que eu falava sério, balançou a cabeça e me explicou com tristeza que não havia mais monges ali "fazia muito tempo". Em seguida, girou nos calcanhares. Evidentemente, eu tinha topado com Peppone, e não com Don Camillo.*

Entrei num dos dormitórios que se abriam no mesmo nível do pátio. Estava vazio e impecavelmente arrumado: colchão e lençóis novos, armários individuais ornados com portas metálicas de cores vivas, pavimento ladrilhado de um branco imaculado. Reconheci ali um refúgio municipal, variante rara, mas ideal, do albergue de peregrinos. Desde que, por certo, os edis tenham decidido voluntariamente dotar sua comuna com tal estabelecimento, esses refúgios municipais, livres das dificuldades financeiras que afetam as comunidades religiosas, e preservados da cobiça desumana dos hoteleiros privados, são, em geral, bem equipados, grandes demais e vazios.

Eu havia tido essa experiência pouco tempo antes, ao atravessar a cidade de Pola de Siero. Topei com um albergue

---

* Alusão a uma dupla imortalizada pelo cinema italiano, a partir de narrativa de Giovannino Guareschi. Peppone é o prefeito, amigo-inimigo de Don Camillo, pároco de uma pequena região, paradigmática da realidade rural italiana pós-guerra. (N.T.)

tinindo de novo. Os responsáveis pela associação gestora pensaram que ele estivesse vazio e acorreram prontamente de suas casas para me abrir a porta de carvalho do prédio. O engraçado no caso foi que descobrimos no albergue um casal de alemães cuja chegada ninguém notara. O homem tinha uma barba grisalha que caía até o meio da barriga; e sua mulher, os cabelos totalmente brancos. O primeiro pensamento dos responsáveis pelo albergue, e o meu também, foi que os infelizes tivessem sido esquecidos, e nós acabávamos de descobrir criaturas medievais: um Frederico Barbarossa qualquer e sua companheira, tirados de um sono milenar por nossa ruidosa chegada...

Em Cornellana, visitando por curiosidade os dormitórios, notei que só havia um leito ocupado em cada um deles. Os raros peregrinos que escolheram aquela parada ficaram à vontade.

Voltei ao pátio. Diante dos dormitórios se alinhava uma série de portas que davam para sanitários, uma lavanderia, uma cozinha. Uma pequena galeria coberta fornecia sombra nas horas quentes. Uma mesa e cadeiras estavam ali dispostas. Sentei-me. Algumas andorinhas esvoaçavam no céu que escurecia. O vento da noite fazia estalar nas cordas as meias com as quais o exército de peregrinos marcava sua posse do lugar, mesmo permanecendo invisível. Na hora em que o canto das vésperas deveria ressoar nas paredes, apenas o silêncio e, intermitentemente, o arrulho de uma rolinha saudavam o pôr do sol. Não sei havia quanto tempo eu estava sentado ali, sonhando, quando vozes ressoaram do lado de fora do recinto. Logo um pequeno grupo entrou no pátio. Reconheci os dois jovens peregrinos de Grado. Com eles, dois homens maduros, um grande e outro pequeno. Este falava muito alto, num castelhano cantante e rápido. O riso da moça, claro e puro, parecia desenhar uma linha melódica enquanto os homens a acompanhavam com suas vozes graves que funcionavam como um baixo contínuo.

Eles me viram, me cumprimentaram de longe e, em seguida, entraram nos dormitórios. Logo me chegaram barulhos de chuveiro, de bater de portas, e sempre os risos. Finalmente, todos limpos, penteados e vestidos com o que tinham trazido de mais apresentável, os quatro peregrinos se juntaram a mim na mesa.

Seria muito difícil contar em detalhes aquela noite. Não aconteceu nada de notável. Conservo apenas a lembrança de uma grande fraternidade e de muita alegria. A moça, loura e de rosto fino iluminado por olhos azuis, era o centro das atenções de todos. Ela percebeu e ficou excitada com isso. Originária de um minúsculo país balcânico, Marika — era esse seu nome — vivia há anos na Espanha, numa cidade balneária do sul. Nenhum de nós ousou perguntar-lhe o que fazia ali. A fama de ser uma cidade para as farras e até mesmo para a luxúria de que essa cidade goza no mundo inteiro evidentemente alimentou hipóteses que podíamos formular quanto ao motivo de uma moça tão bonita escolher morar lá. Esses fantasmas acrescentavam um odor de mistério e talvez de libertinagem àquela que encarnava para nós a feminilidade do Caminho.

No frontão do portal do pátio havia esculpido um estranho baixo-relevo. Representava o que parecia ser um corpo nu de mulher, deitado ao sol, sobre o qual um enorme urso estava estendido. Eu tinha lido no guia que se tratava de uma lenda: havia muito tempo, o filho recém-nascido do senhor do lugar fora roubado de sua ama por uma ursa vinda dos bosques. Uma batida foi organizada: encontraram a criança alimentada e protegida pela ursa. Embora não houvesse sensualidade alguma nessa lenda, ela não faltava na escultura. O bebê tinha proporções adultas e formas femininas, e a ursa, conquanto fêmea, tinha uma rigidez masculina. O mosteiro parecia, assim, sob o signo de misterioso erotismo: nosso grupo de homens solitários, vindos dos bosques, cercava a bela eslava com o mesmo vigor primitivo com que o plantígrado segurava contra o ventre peludo o corpo humano, andrógino e nu.

Seu companheiro, muito mais jovem que ela, era belga. Logo ficou evidente que não havia nada entre eles a não ser a simpatia nascida do caminho percorrido juntos. Ambos, como eu, e muito antes, tinham ultrapassado o limite além do qual desejo e paixão se desgastaram. Reconheci neles dois santiagueiros no estágio budista, e nossa troca se situou imediatamente neste plano: calma, desapego, felicidade de estar juntos.

Quanto aos dois espanhóis, tinham saído de Oviedo. Caminhavam havia dois dias apenas e ainda não tinham resolvido as ilusões do desejo. O menor, chamado Ramón, era de longe o que se entregava abertamente ao que, no mundo de antes, o que precede o Caminho, ou ignora sua existência, se chama azarar. O alto, que se chamava José, tinha sobretudo dor nos pés. Plácido e sem malícia, fazia apenas raros comentários, com uma voz grossa, sobre os desníveis do Caminho ou a (má) qualidade de seus calçados. O repertório de Ramón era muito mais vasto. Ele nos brindou a noite toda com histórias hilariantes sobre o Caminho, os peregrinos, a Espanha. Em todas as suas histórias aparecia o desejo tocante de se valorizar. Ele já havia percorrido o Caminho duas vezes, dizia. Atribuía-se numerosos outros méritos esportivos, escaladas prestigiosas, maratonas memoráveis, títulos regionais de atletismo. Tudo isso formava um contraste manifesto com seus ombros estreitos, suas pernas frágeis e sua grande barriga. Mas as histórias eram bem contadas. O fato de serem evidentemente inverossímeis aumentava sua graça. A moça dava gargalhadas, e Ramón via nisso um presságio favorável. Ele deve ter se limitado ao princípio segundo o qual "mulher que ri já está quase na cama", sem ter ainda percebido que, tanto para os homens como para as mulheres, existem muitas maneiras de rir. O bom humor da jovem peregrina continha muito mais sarcasmo do que fascínio. Embora Ramón a enternecesse, era na medida dos esforços que o palhaço fazia para dissimular sua tristeza. O homenzinho de físico tão desfavorecido, mordido pelo desejo e, talvez, já pelo amor, tentava desesperadamente transformar-se em príncipe encantado, sem que ele próprio acreditasse nisso. Mas a suave noite tinha caído. Uma vela sobre a mesa nos iluminava mal. Ouvimos até tarde a narrativa dos feitos fabulosos de Ramón, que sonhava a vida em voz alta. Em seguida, fomos nos deitar, cada um em seu dormitório.

Esses quatro personagens iriam me acompanhar de vez em quando ao longo do *Primitivo*. Nem de longe prevíamos nos encontrar. Isso aconteceu, porém, continuamente. No início, o chamado Ramón, entregue à ideia de conquista amorosa, fazia o possível para ter Marika só para si. Ele mostrava uma comovente má-fé para justificar as partidas precipitadas que o deixavam sozinho com a bela. O jovem belga não provocava muito seu ciúme. Ramón compreendera que, se ele caminhava havia tanto tempo com a jovem sem que nada tivesse acontecido, não era um rival importante. José, seu grande compadre, com os pés feridos e sua devoção escrupulosa, também não o incomodava. Ele se contentava em largá-lo para trás, acelerando nas encostas, a fim de ficar livre para poder talvez, afinal, no momento propício, se declarar completamente. Na verdade, era de mim que ele mais desconfiava. Quando percebi, senti-me um pouco triste: eu gostava bastante dele e achava ter dado mostras suficientes, por minha atitude desapegada, bem como por referências à minha mulher que logo iria se encontrar comigo, que eu não tinha interesse na bela Marika.

A desconfiança de Ramón me fez, no entanto, perceber a cumplicidade que se estabelecera desde o início entre mim e a jovem estrangeira. Ele se enganava sobre a natureza desse laço, mas, com a sensibilidade dos apaixonados, tinha percebido antes de nós sua existência.

Ao longo das etapas, Marika me falou muito de si mesma. Ela fora morar na Espanha por um homem, aprendera a língua com perfeição. Ele a deixara. Ela decidiu ficar apesar das dificuldades. Com o dinheiro ganho numa agência de viagens na costa andaluza, ela sustentava a mãe que ficou em seu país. Todas as noites conversava longamente por telefone com ela. Era uma moça melancólica e sozinha, que escondia feridas secretas sob uma alegria superficial. Sua beleza era uma arma que gostaria de dissimular na maior parte do tempo, para mostrá-la apenas quando encontrasse um homem por quem se apaixonasse. Em lugar disso, aquela joia, entregue aos olhares de todos, atraía importunos, provocava paixões que ela não partilhava e ciúmes de que era vítima. Quanto mais a conhecia, menos me surpreendia por vê-la andar pelo Caminho de Santiago. Eu percebia como ela estava ávida por se purgar de todos os miasmas do mundo artificial e vulgar no qual vivia. Havia nela uma pureza que ela só poderia encontrar na sua terra natal, ou naquele caminho.

Só aos poucos compreendi isso. Na primeira manhã, ao sair do mosteiro, de início pensei tê-la perdido. Ramón a acordara e fugira com ela, seguido do belga e de José, cuidando para que eu não fizesse parte da viagem. Infelizmente para ele, eu os alcancei em Salas, bonita cidade medieval em cuja praça central ela quis tomar um café. Eu também parei ali, e Ramón aproveitou para pôr todos em marcha, me deixando mais uma vez para trás.

Contudo, apesar de todos os feitos de que ele se vangloriava, a realidade era que caminhava mal, e eu os alcancei novamente. Mantivemos a mesma rota até Tineo. A cidade se situa no flanco de uma colina escarpada. O albergue de peregrinos é construído nas alturas. Excetuando-se essa posição favorável, o estabelecimento me pareceu medonho. A promiscuidade ali era extrema: as camas quase se tocavam. Um único chuveiro era cobiçado por uma dezena de pessoas que faziam fila sem se dirigir a palavra. O hospedeiro era um homenzarrão insolente e áspero que tratava os peregrinos como condenados, o que eles são, evidentemente, mas é preciso lembrar isso a eles?

Compreendi, ao entrar no albergue de Tineo, que meu desapego pseudobudista ainda não estava completo. Minha agressividade em relação aos roncadores e meu terror por noites sem sono decididamente não tinham desaparecido. Fugi, para grande alívio de Ramón, e fui dormir sob minha barraca, a uma dezena de quilômetros dali.

Atrasei-me na manhã seguinte, e era natural que encontrasse Marika e seus apaixonados no caminho. Talvez até o desejasse secretamente. Mas o acaso quis que eu me afastasse deles ao abandonar o itinerário ortodoxo do *Primitivo*.

No alto do Caminho

Ao longo do Caminho, descobrimos algumas mulheres providenciais. Elas se dedicam aos peregrinos e põem a serviço deles todas as qualidades de que a natureza as proveu. Na cidade asturiana de Villaviciosa, passei a noite num belo hotel, decorado com a simplicidade de uma casa de família. A proprietária teria conseguido reservar a frequência a uma clientela turística de alto nível. Mas ela gosta dos peregrinos. Não sei em consequência de que promessas ela decidiu dedicar-se ao seu bem-estar. Ao longo do Caminho, vários quilômetros antes da cidade, pequenos bilhetes nas árvores indicam que eles serão bem-vindos no estabelecimento. Ela sabe da modéstia de seus meios e deve ter vagamente consciência também de seu pão-durismo: adaptou os preços aos seus bolsos. Assim, ficaria aborrecida de lhes oferecer menos conforto do que se eles pagassem tarifa plena. Chegada a noite, os bonitos quartos com paredes forradas de tapeçarias de percal se enchem com toda a penúria do Caminho. Assim é que eu sequei minha barraca entre um quadro do século XIX representando uma paisagem e uma encantadora escrivaninha em marchetaria. Alinhei meias na cabeceira da cama em madeira esculpida e separei meus utensílios de cozinha num aparador. Tenho certeza de que meus compadres peregrinos fizeram o mesmo nos quartos vizinhos. No café da manhã, a dona tinha visivelmente um grande prazer em tomar seu café no meio dos santiagueiros. Enquanto preparava a filha para a escola, ela conversava, informava-se sobre seu sono, seu repouso, e os fazia falar sobre Compostela, aonde ela nunca tinha ido. Era com remorso, mas obedecendo a seus mais irresistíveis instintos, que eles afanavam todo o pão disposto sobre as mesas para constituir reservas em suas mochilas. Tenho certeza de que em Santiago muitos rezaram por aquela mulher, ou pelo menos pensaram nela.

Encontrei outra, de um tipo bem diferente, na pequena aldeia de Campiello, alguns quilômetros após Tineo. O guia indicava em duas linhas uma mercearia chamada Casa Herminia, não dizia nada mais. Ao chegar, tive a surpresa de descobrir uma parada organizada especialmente para peregrinos. À primeira vista, essa especialidade não era evidente. De fato, havia muitas conchas de São Tiago na fachada da casa, mas essa referência é em geral destinada aos turistas mais do que aos verdadeiros peregrinos. Ao entrar no estabelecimento, encontrei a tranqueira habitual das mercearias do interior. À direita, o bar, atrás do qual o patrão carrancudo secava copos. No fundo, um balcão refrigerado oferecia diferentes tipos de carnes e queijos, com nomes exóticos, desconhecidos 20 quilômetros adiante. Finalmente, nas paredes, até o teto, uma confusão de produtos variados entre os quais emergiam pacotes chamativos de material de limpeza, brinquedos de plástico cobertos de poeira, garrafas de refrigerante cujo conteúdo começava a ficar suspeito.

Estava quente do lado de fora, naquele fim de tarde, quando entrei na mercearia. O silêncio do lugar, o olhar mal-encarado do patrão, a ausência de vivalma na aldeia me fizeram inicialmente temer ter cruzado a soleira de algum funesto albergue vermelho, desses que, na lenda, recebem o viajante para lhes cortar a garganta e roubá-los. Sentei-me temeroso no bar e, quando o patrão foi buscar uma Coca-Cola para mim, olhei com desconfiança para as salsichas penduradas acima do balcão. Seria carne de peregrino?

Esses pensamentos sombrios se dissiparam com a chegada de uma mulher. Pequena e forte, usando um vestido preto coberto por um avental de cozinha, a recém-chegada emergia dos fornos: por uma porta aberta, sentia-se um delicioso cheiro que saía de enormes panelas de estanho.

É pouco dizer que daquela mulher emanava autoridade. Assim que ela entrou, o patrão se evaporou, aspirado pela parede cinza da qual, de repente, ele tomou a cor. Ela plantou em mim dois olhos ibéricos que nenhum matador franquista teria feito baixar.

— O senhor quer almoçar — ela me impôs.

Não havia em sua frase, dita em espanhol, nenhum ponto de interrogação, nem no início, nem no final. Sem esperar reação minha, ela emendou:

— Ainda não está pronto. Sente-se aí!

Muito enternecido por aquelas semanas de caminho, me instalei docilmente no lugar que ela me mostrava, apontando com o indicador. Ela voltou para a cozinha, e eu esperei. Pouco depois, um novo peregrino apareceu. Era um homem alto, tinha o nariz de plástica, os cabelos descoloridos. Sua musculatura era dessas que se originam da longa frequência a academias urbanas, e ele cuidou de valorizá-la com uma blusa cavada preta justa e um short até metade da coxa, bem justo também. Ele parecia vir de um carro da Parada Gay. Os bastões de caminhada e a mochila, por mais incongruentes que parecessem, mostravam que se tratava mesmo de um peregrino, o que sua presença naquele lugar confirmava.

A mulher saiu novamente da cozinha, deu-lhe ordem de sentar diante de mim e anunciou:

— Logo vai ficar pronto.

Começamos a conversar, mas em voz baixa, para não atrapalhar. Depois de ter tentado diversas línguas, descobrimos ter uma em comum: ele era holandês e tinha aprendido francês na Bélgica.

Sempre cheio de preconceitos, pensei que fosse seu primeiro Caminho, e que não devia ter partido de muito longe, dado seu estado de extrema limpeza.

Ele me esclareceu: era a quinta vez que ia a Compostela e pegara a estrada em Bruxelas. A bem dizer, havia percorrido todos os itinerários possíveis. Falava da peregrinação como de uma brincadeira que dera errado e, sobretudo, que se prolongara demais. Ele jurava que aquele Caminho seria o último. Pelo modo como declarava isso, contudo, sentia-se que desafiava a si mesmo e que, a cada viagem, havia provavelmente feito o mesmo juramento.

O albergueiro entrou, segurando bem alto pratos fumegantes, que colocou diante de nós. O cardápio, assim como os lugares, não tinha sido deixado à nossa escolha. Estava fora de questão queixar-se e, aliás, não tínhamos a menor vontade. Estava tudo delicioso.

Outros peregrinos chegaram em grupo. Cumprimentaram-nos e olharam-nos demoradamente. Não pareciam chocados com o casal que o batavo e eu aparentemente formávamos, mas apenas intrigados com o fato de que um de nós estivesse tão limpo e o outro, tão sujo.

Terminado o almoço, a mulher passou pelas fileiras para se fazer aclamar. Prestamos-lhe uma merecida homenagem. Ela se demorou perto de nós e chegou a nos abrir o coração.

Dedicava-se inteiramente, dizia, aos peregrinos. Quando herdou a mercearia, ela se voltou para essa causa. Rapidamente compreendemos que não foi por motivos espirituais. O Caminho era para ela um segmento comercial, e ela empregava toda a sua energia para ocupá-lo. Avaliou as vantagens: Campiello situava-se no Caminho e todos os guias mencionavam agora sua mercearia. No entanto, ela também tinha uma desvantagem que pretendia superar: a aldeia ficava *no meio* de uma etapa. Os peregrinos partiam de Tineo, onde passavam a noite, e iam para Pollo de Allende para ali dormir. Ela estava, portanto, reduzida a servir apenas almoços. A atividade era por certo lucrativa — teríamos a certeza ao receber a conta —, mas ainda insuficiente.

A robusta albergueira ambicionava dar à sua aldeia a condição de parada efetiva e ali acolher peregrinos para dormir. Com esse objetivo, transformou um antigo galpão rural em albergue. Ela nos fez as honras de suas instalações depois do almoço. Sob o sol impiedoso do início da tarde, o holandês e eu percorremos as poucas centenas de metros que conduziam ao refúgio. Estávamos molhados de suor. A dona do lugar, toda vestida de preto, abria caminho. Nem uma só gota de suor brotava em sua testa. Ela era, evidentemente, uma dessas máquinas humanas de alto rendimento que economizam a menor gota de água, rentabilizam os alimentos até a última caloria e transformam tudo em energia e, por fim, em bom dinheiro. O dormitório era novo e limpo. A mulher elogiou os artigos de cama, dando o preço dos colchões. Acontece que, como em todos os albergues particulares, os leitos eram preocupantemente próximos uns dos outros. Nem a insistência da patroa nem a limpeza do lugar foram suficientes para me fazer mudar de opinião: eu ia retomar a estrada. Aliás, ainda era muito cedo e eu estava longe de dar o dia por encerrado. Meu companheiro também não parecia convencido até que, abrindo a porta, descobriu uma máquina de lavar e uma secadora tinindo de novas. Esses acessórios eram visivelmente indispensáveis para ele. Era a eles que devia sua notável limpeza. Era evidente que ele praticava uma forma original de peregrinação que o fazia ir não de um santuário a um monumento, mas sim de uma lavagem de algodão a 40ºC a um ciclo de secagem de seiscentos giros. Ao final de cinco viagens, o Caminho aparentemente perdera toda a atração para ele, com exceção dessas comodidades domésticas, a julgar pelos gritos de felicidade que deu na lavanderia. Na mesma hora pôs para funcionar uma máquina enchendo-a de camisetas e meias e declarou que passaria a noite ali.

A gerente da mercearia não desistiu de me convencer a ficar nem quando me viu sair de seu albergue. Apontou para a primeira concha ao longo do Caminho e soltou o que devia constituir para ela o argumento comercial supremo.

— Saindo daqui — ela anunciou num tom abafado pelo orgulho — existe uma variante. O senhor não a encontrará no seu guia, ainda. Ela é demarcada. Sim, senhor, há conchas e setas amarelas ao longo dela.

Mostrei-me interessado. Uma variante significa ainda menos gente e, nas montanhas, lugares mais selvagens.

— Do ponto de vista histórico — continuou a mulher, que já tinha aperfeiçoado bem seu discurso — é muito mais interessante que o Caminho normal. O senhor encontrará pelo menos quatro albergues de peregrinos da Idade Média no percurso. Paisagens de tirar o fôlego.

Evidentemente ela guardava o melhor para o fim.

— Mas é longo. O senhor não passará por Polo de Allende. O primeiro albergue fica a 30 quilômetros. Em outras palavras, um dia de caminhada partindo daqui.

A conclusão lógica, que ela deixava penetrar no espírito do seu interlocutor por meio de um silêncio prolongado, era, portanto, que seria *preciso* pernoitar em seu albergue. Infelizmente, eu também dispunha de um curinga que atirei com displicência.

— Não tem importância — eu disse. — Tenho uma barraca. Sempre poderei dormir durante o percurso.

A mulher então compreendeu que perdera a partida. Mas, como sua natureza era de nunca se declarar vencida sem lutar até o fim, tentou fazer de mim, na falta de um cliente, um batedor.

— Pegue a variante! — sussurrou ela numa voz patética, agarrando minha manga. — Pegue-a e, em seguida, escreva para eles. A toda essa gente que publica guias em seu país, diga-lhes que este é o mais belo Caminho. Que eles corrijam o erro e sugiram *Campiello* como etapa.

Prometi covardemente fazê-lo. No estado de desprendimento em que me encontrava, creio ter sido sinceramente convencido de que o faria. Ao escrever estas linhas, de certo modo honro minha promessa. Porque faço questão de dizer que essa variante montanhosa do Caminho é de fato de uma beleza incomparável e que não se pode perdê-la de modo algum.

Seu interesse, mesmo que não agrade à minha merceeira, não procede em absoluto das célebres hospedarias medievais anunciadas. O primeiro desses estabelecimentos é um monte de pedras tomado pelos espinheiros. Uma tabuleta, que eu suponho ter sido redigida por nossa ambiciosa, anuncia orgulhosamente: primeira hospedaria. Da segunda, subsiste um pedaço de muro de 80 centímetros de altura. A terceira é do mesmo gênero. Quanto à última, lembro-me de que se reduz a alguns afloramentos de pedras no meio dos quais pasta um rebanho de carneiros. O frio do ar das alturas, o cansaço da subida e a sede que me dominava se alinharam para me dar alucinações. Tenho certeza de ter visto carneiros zombarem quando me viram ler o cartaz.

Se esses pretensos monumentos são decepcionantes, o percurso propriamente dito que essa variante abria mantém todas as promessas e mais ainda.

O Caminho sobe e desaparece. Em determinado momento se torna quase invisível, como um simples traço, uma linha virtual que tocasse de leve a montanha. O peregrino já endurecido, treinado nessas longas semanas para perceber os marcos santiagueiros antes que eles apareçam, pode comprovar, nesses espaços selvagens, a exata medida de sua arte de peregrino. Ele se orienta ao acaso. Seu espírito transpõe as altas montanhas e estende um fio através dos vales. O percurso que sente, que adivinha e que tem a amplitude de relevos gigantescos, ele conquistará passo após passo. Sem mudar o ritmo, ele saltará acima de cristas e cortará através de abismos. Nunca menor no meio dessas imensidões, ele se coloca, por intermédio do espírito e pela força minúscula de seu passo, à altura delas. O caminhante, de acordo com a fórmula de Victor Hugo, é um gigante. Sente-se no auge da humildade e no cume de sua força. No estado de abulia em que nos mergulham essas semanas de errância, nessa alma liberta do desejo e da espera, nesse corpo que domou os sofrimentos e limou as impaciências, nesse espaço aberto, saturado de belezas, ao mesmo tempo interminável e finito, o peregrino está pronto para ver surgir algo maior que ele, maior que tudo, na verdade. A longa etapa da altitude foi, em todo caso para mim, o momento, se não de perceber Deus, pelo menos de sentir seu sopro.

As igrejas e os mosteiros tinham sido apenas as antecâmaras nas quais eu fora preparado para a chegada de alguma coisa que ainda permanecia invisível. Eis que, disposto por esses retiros a acolher o grande mistério, fui admitido à sua presença. É necessário que o peregrino finalmente esteja sozinho e quase nu, que ele abandone a pompa da liturgia, para que possa então subir ao céu. Todas as religiões se confundem nesse cara a cara com o Príncipe essencial. Como o sacerdote asteca sobre a pirâmide, o sumério sobre o zigurate, Moisés no Sinai, o Cristo no Gólgota, o peregrino, nessas altas solidões, entregue aos ventos e às nuvens, abstraído de um mundo que ele vê do alto e de longe, entregue a si mesmo em seus sofrimentos e desejos vãos, atinge enfim a Unidade, a Essência, a Origem. Pouco importa o nome que ele lhe dê. Pouco importa em que esse nome se encarna.

Eu tinha alcançado um desfiladeiro ermo, e a terra estava coberta de mato raso. Eu estava nas brumas. Farrapos brancos, erguidos por um vento gelado, se enrolavam em torno de grandes rochedos pousados no chão. Pequenos lagos perfuravam o verde das pastagens e refletiam o céu. Eu tinha passado por bezerros e rebanhos de carneiros. De repente, um grupo de cavalos selvagens se desenhou no horizonte. Tinham longas crinas e saltavam em liberdade, empurrados pelo vento, a menos que houvessem sido alertados por minha aproximação. Um deles, maior e mais intrépido, esperou, imóvel, e me fitou. Em seguida, desenhou no ar um arabesco, o pescoço flexionado, os membros unidos, girou sobre si mesmo e, depois de ter me olhado uma última vez, desapareceu.

Se eu fosse um homem pré-histórico, teria corrido para a minha gruta e desenhado nas paredes essa divindade brevemente percebida, concentrando nela toda a força e beleza. É assim que os humanos de hoje, depois de uma longa passagem pelos monoteísmos, voltam, às vezes, a deslumbramentos espirituais que os fazem encarnar o divino nos objetos da natureza: as nuvens, a montanha, os cavalos. A peregrinação é uma viagem que solda, todas juntas, as etapas da crença humana, do animismo mais politeísta à encarnação do Verbo. O Caminho reencanta o mundo. Cada um está livre para, em seguida, nessa realidade saturada de sagrado, inserir sua espiritualidade reencontrada nessa, naquela ou em nenhuma religião. O fato é que, pelo viés do corpo e da privação, o espírito perde sua secura e esquece o desespero em que o havia mergulhado o domínio absoluto do material sobre o espiritual, da ciência sobre a crença, da longevidade do corpo sobre a eternidade do além. Repentinamente, ele é irrigado por uma energia que a ele mesmo surpreende e com a qual, aliás, ele não sabe muito bem o que fazer.

Sou para sempre agradecido à minha hábil albergueira por me ter feito viver essa etapa intensa. Ao descer para a barragem de Salime, eu tinha a impressão de não ser mais exatamente o mesmo. É claro, eu não vinha carregado com as tábuas da Lei, nenhuma voz me ditara um novo Corão ou novos Evangelhos. Não havia me tornado um profeta, e não é para converter ninguém que escrevo estas linhas. No que para mim foi o apogeu místico do Caminho, contudo, tive a sensação de ver a realidade se perder e de me permitir perceber o que existe para além dela e que se difunde em cada criatura.

À beatitude budista se acrescentava agora uma nova plenitude. Jamais o mundo me parecera tão belo.

Uma aparição na floresta

No entanto, não se pode viver sempre nos píncaros, no sentido próprio ou no figurado. É preciso descer dele e encontrar os semelhantes. Foi o que fiz, penetrando na densa floresta de carvalhos verdes que cerca o lago artificial de Salime.

No coração dessa floresta, ao final da tarde, topei com um estranho personagem. O primeiro humano que eu via ao descer de minhas terras altas tinha, de longe, o feitio espiritual dos bosques. Um homem da Antiguidade teria visto nele um sátiro ou um fauno, um avatar do deus das florestas. À medida que eu me aproximava, porém, tornou-se evidente que aquela criatura sacrificava menos a Pã que a Baco. O homem estava completamente bêbado. Era um peregrino, até mesmo a quintessência do tipo. É frequente cruzar com caminhantes providos de um ou dois acessórios tradicionais, como o bastão e a concha. Mas aquele tinha todos: capa que descia até os tornozelos, chapéu de borda levantada na frente, cruzes de São Tiago espetadas por todo lado, conchas de todo tipo, desde as compradas no peixeiro da esquina até a variante estilizada em prata e montada como broche. Em seu grande bastão de caminhada estavam penduradas, como na Idade Média, cabaças em formato de pera. Único elemento contemporâneo: ele usava nas costas um saco com duas alças, e não um alforje. Era, contudo, um modelo antigo, de lona bege, e não destoava do conjunto.

O rosto do homem era devorado por uma barba grisalha, matagosa como a floresta que nos cercava. Quando parei diante dele, o peregrino me encarou dirigindo para mim dois olhos pálidos, enfiados nas órbitas inchadas por edema. Segurava seu grande bastão com ambas as mãos, e se balançava apoiado nele.

— *Bon Camino* — disse eu.

Ele emitiu um grunhido ébrio. Tive dificuldade em compreender sua resposta.

— *'uten 'ag!*

Era, sem dúvida, alemão. Juntei minhas lembranças escolares e lhe disse algumas palavras em sua língua. O homem balançou a cabeça, oscilou em torno do bastão, em seguida me perguntou se eu era alemão. Só um indivíduo muito bêbado poderia ter uma dúvida assim, tendo em vista minha pobre gramática e meu sotaque. Respondi que era francês, e ele ruminou a resposta com grandes movimentos de mandíbula. De repente, soltando uma das mãos do bastão, apontou para mim com o indicador nodoso e bateu no meu peito.

— *Du Weißt* — ele exclamou. — *Ich bin ein alter Mann.*

Fiz que sim com a cabeça para concordar.

— Sabe quantos anos eu tenho? — ele prosseguiu, sempre em alemão. — Setenta anos!

Saudei essa revelação compondo uma mímica de surpresa e admiração. Aliás, eu estava sinceramente impressionado: um homem daquela idade, sozinho no bosque, em pleno calor, tão longe de casa, e ainda mais em Compostela... De repente, perguntei-me se ele não estava doente e não em estado de embriaguez. O sol poderia ter lhe feito mal à cabeça, há hemorragias meníngeas de tipo psiquiátrico e mesmo pseudoebrioso.

Será que ele precisava de alguma coisa? Eu poderia ajudá-lo de algum modo? Ele se agarrou ao bastão e gritou com mímica indignada.

— *Nein, nein, nein!*

Era como se eu tivesse a intenção de roubá-lo.

Para provar que dispensaria muito bem minha ajuda, ele acrescentou:

— *Parti de Colônia.*

Colônia! Um caminhante normal teria levado três meses para chegar até ali. Então, naquela idade, pinguço como estava e agarrado ao bastão...

— Segue teu caminho — latiu o homem. — Anda! E se você vir outro peregrino adiante, pergunta se é Gunther.

— Ah, você não está sozinho!

Ele não ligou para a minha observação.

— Se o vir, diga-lhe que Ralf não vai demorar. Ralf sou eu.

Cumprimentei-o e me afastei. De vez em quando, dava uma olhada para trás: ele ainda estava plantado sobre seu bastão, com se fosse criar raiz naquela floresta. Depois, desapareceu de minha vista. Não encontrei Gunther no meu caminho. A vereda desembocava da floresta na altura da barragem Salime. Com o calor, eu morria de sede. Sentei-me na varanda de um restaurante com vista para o lago e tomei um sorvete. Um ônibus de peregrinos motorizados se empanturrava lá dentro. Eu teria sentado na mesma sala que eles, pois era refrigerada. Mas o cão da casa veio me cheirar com ar enojado e eu não tive a audácia de impor àqueles senhores limpinhos e àquelas senhoras cuidadosamente penteadas meus odores de caminhante. Estava saindo de duas noites sob a barraca na montanha, sem nenhum sanitário, e não tinha mais roupa para trocar...

Quando cheguei à cidade de Grandas de Salime, passei diante de uma bela igreja cercada por uma galeria em arcadas e tomei a rua principal, decidido a encontrar um teto para a noite. De acordo com meu guia, o café-tabacaria alugava dois ou três quartos de hóspedes. Eu precisava tomar uma chuveirada, dormir bem sem a ameaça de um roncador, lavar minhas roupas. Os quartos se situavam na frente do café, numa pequena casa cuja parte de baixo servia de alojamento para o dono do bar e sua família. Havia plantas verdes nos corredores e imagens de santos na parede. O pequeno quarto que restava me convinha perfeitamente: sua janela dava para o poente. Eu teria tempo de secar minha roupa aos últimos raios do sol.

Limpei-me cuidadosamente, vesti um short e uma camiseta menos sujos que os outros, enfiei meus chinelos e desci para ver como era a aldeia. Para minha grande surpresa, a primeira pessoa que vi na rua, sentado na varanda de um café, foi Ralf, livre do chapéu e de seus acessórios de peregrino. Ele estava vestido simplesmente com uma camisa de listras de camponês renano, e sua calça era presa por largos suspensórios. De frente para ele estava sentado outro indivíduo da mesma idade, no qual acreditei reconhecer o chamado Gunther.

Diante deles, na pequena mesa de ferro do café, havia dois canecos de chope de um litro. A chegada de Ralf era um milagre de São Tiago, mas o líquido louro bordado de espuma que enchia os canecos não era, sem dúvida, estranho à sua ressurreição.

Galícia! Galícia!

O DIA seguinte era um grande dia: marcava minha entrada na Galícia. Foi na província ocidental da Espanha que se descobriram as relíquias de São Tiago. Se Compostela é o objetivo da peregrinação, toda a Galícia se beneficia do prestígio da presença milagrosa do santo. Entrar na Galícia é alcançar o final. Apesar de toda a simpatia que as Astúrias me suscitaram, eu estava ansioso para deixá-las e entrar na última fase da viagem.

O peregrino treinado não tem mais desejos, eu disse. Se ainda precisasse andar mais um mês, eu teria me conformado, sem reclamar. Mas não ser impaciente não significa não ter emoções. É outra das descobertas que se fazem a caminho: a exaltação, a felicidade, a paz que aumenta à medida que nos aproximamos do final. Até então, quando estávamos ainda separados por dezenas de quilômetros, Compostela era apenas um nome e Santiago, o objeto vago de um sonho desordenado. Mas avançamos, e logo sentimos sua presença. Ele vai se revelar, vai aparecer no espaço concreto, não mais o do pensamento e do sonho, mas o dos sentidos: vamos vê-lo, tocá-lo.

As Astúrias são o lugar da viagem no qual nos sentimos, pela altura e pelo despojamento da paisagem, mais longe do fim. Ora, a Galícia, que as sucede, é, ao contrário, o lugar em que nos sentimos mais perto. A passagem de um lugar a outro tem, pois, grande valor simbólico.

Eu ignorava que forma assumiria concretamente essa fronteira. Ela se situa no nível de um desfiladeiro, o Alto del Acebo. Chega-se a ele por um declive arborizado no qual o Caminho serpenteia suavemente. Por muito tempo, antes de chegar ao desfiladeiro, vê-se a crista que se destaca sobre as nuvens vindas do mar. Uma linha de turbinas eólicas acompanha essa crista. Na contraluz, os grandes pilares aparecem em negro sobre azul. São como pontos de sutura feitos entre o céu e a terra. Suas pás parecem nós postos sobre fios para manter solidamente os dois mundos. Como se um gigante tivesse, com um corte de bisturi, aberto o ventre do horizonte para atingir as entranhas e em seguida o costurasse às pressas.

No espírito cansado do caminhante, quando tais metáforas se instalam, elas giram e se embelezam a cada passo. O sonho só se rompe quando chegamos ao desfiladeiro. Vistas de perto, as imensas turbinas eólicas recuperam sua identidade de máquina. Seu enorme pé se enfia num leito de cimento que as prende ao solo. E suas hélices gigantes rangem lugubremente. Os moinhos de hoje não possuem moleiro. Eles lembram mais H. G. Wells do que Alphonse Daudet. O homem que passa rente a elas curva a espinha com humildade. Essas produtoras de energia suave são máquinas violentas, arrogantes, maléficas. Sua presença no meio dos campos ou nos cumes produz um estranho sentimento de efração, de ameaça, como se essas criaturas tivessem vindo invadir a natureza ainda livre e impor-lhe sua lei.

Do outro lado do desfiladeiro, o Caminho torna a descer, dando as costas às turbinas eólicas, o que produz um alívio imediato. No horizonte, nada distingue a distância azulada do que vimos até ali a não ser o que eles chamam de Galícia.

Diante de mim, durante a subida para o desfiladeiro, eu havia percebido, a 200 ou 300 metros, outro peregrino. Caminhávamos no mesmo passo e a distância entre nós permanecia constante. Na descida, porém, notei que ele havia parado e logo o alcancei. Era um espanhol de uns 50 anos, com corpo de executivo, óculos de tartaruga, camisa Lacoste e sapatos rasos de lona. Ele me esperava na margem do caminho, num lugar que não me pareceu particularmente notável. Apontou, contudo, para uma linha traçada no chão, e eu vi que ela partia de um marco de cimento plantado no acostamento.

— Galícia! — anunciou meu interlocutor com uma chama no olhar.

Ele se mantinha aquém da linha. Quando cheguei aonde se encontrava, ele me estendeu a mão. Apertei-a, mas não foi para me saudar que ele fez o gesto. Explicou-me mais ou menos que iríamos ficar assim para atravessar a linha juntos. Colocamo-nos, então, diante da minúscula fronteira, de mãos dadas, e saltamos de pés juntos para entrar na terra de São Tiago. Já do outro lado, o espanhol manifestou sua alegria, deu-me um abraço e em seguida retomou seu caminho. Nunca mais o vi.

Em compensação, embaixo do desfiladeiro, tive um encontro inesperado e alegre. Numa casa de pedra seca funcionava um pequeno bar que recebia peregrinos. O balcão estava cheio de uma montoeira de lembranças de todos os tipos: canecas de cerveja, flâmulas, cartões-postais. Todas as vezes que o patrão recebia um pagamento, um sino preso à caixa soava com força.

Nessa vertente, à sombra, o vento era glacial e eu entrei no bar para me aquecer. Ali encontrei Marika e o belga, devorando *bocadillos*. Abraços, reencontros: no mesmo instante estava sentado com eles, que me contaram as últimas etapas.

José e Ramón tinham desaparecido. O primeiro fora embora, vítima do joelho do qual desde a partida se queixava. O segundo, apesar de todos os recordes, havia desistido. Com a involuntária crueldade característica dos peregrinos que alcançaram o estado búdico, Marika assistira com a maior indiferença ao naufrágio de seu cavaleiro andante. Eu imaginava a tristeza de Ramón posto duramente diante da evidência: tudo o que ele contava era fábula e presepada. Seu barrigão, suas perninhas, seu fôlego curto venceram o grande amor despertado nele pela bela moldávia. Se ele ainda estava no Caminho, devia se sentir tão impotente quanto um besouro virado de costas. Por irritação eu havia caçoado dele, mas agora sentia uma genuína pena e avaliava todo o sofrimento escondido em sua tagarelice.

Indiferentes a esse drama e a todo o resto, a bela moça e o jovem rapaz, curados das ilusões do desejo e livres dos sortilégios da realidade, continuavam sua caminhada com uma alegria nova, pois estavam na Galícia.

Ficamos por um bom tempo na doce mornidão do bar, contando detalhes de nossos respectivos Caminhos, desde que nos perdêramos de vista. Falei de Ralf, e eles me contaram, rindo, tê-lo encontrado várias vezes. O último encontro fora naquela manhã: ele estava saindo do café em que estávamos, no momento em que eles ali chegavam.

— Então ele está à nossa *frente*? — exclamei.
— Sim, com seu compadre Gunther.

Decididamente, o danado daquele peregrino tinha um segredo. Quando o vimos, como eu, balançar-se agarrado ao bastão, perdido numa floresta e aparentemente incapaz de continuar, não acreditaríamos que ele tivesse compensado seu atraso em relação a jovens caminhantes em plena forma, e até mesmo ultrapassá-los. Bastaria a cerveja para explicar suas performances?

Voltamos à estrada no final da manhã. Um pálido sol aparecia por trás das cristas e atenuava um pouco os efeitos da brisa.

O Caminho atravessava as terras altas da Galícia, rudes e desertas. O jovem belga nos contou sua viagem através de seu país e da França, lugares em que os peregrinos são raros. Ele fora acolhido por toda parte com fervor inesperado, nesse início de século XXI. Os aldeões o presenteavam com frutas, ou ovos, pedindo-lhe que rezassem por eles em Compostela. Na era da televisão e da internet, o peregrino continua encarnando a circulação das ideias e dos seres humanos. Ao contrário do virtual e do instantâneo que a mídia representa e que provoca a desconfiança ou mesmo a incredulidade, o movimento do peregrino é incontestável. Ele é comprovado pela lama que cola em seu sapato e pelo suor que molha sua camisa. Pode-se confiar nele. Quando se trata de entregar parte da alma, de recomendar-se às potências invisíveis que governam o mundo e nosso próprio destino, o peregrino continua sendo o único em quem se pode confiar.

O jovem rapaz levava na mochila uma quantidade de objetos que lhe tinham sido oferecidos em troca de suas orações futuras. Parecia não acreditar naquilo e professava, em relação à religião, um ceticismo irônico. Mas não se separava das oferendas votivas, e se dispunha a cumprir honestamente suas responsabilidades de mensageiro. Em Santiago, ele acenderia tantas velas quantas lhe haviam pedido, e colocaria diante delas as imagens, as fotos e os bilhetinhos que permitiriam ao santo conhecer as intenções daqueles que o honravam. Sua mochila devia chegar a 18 quilos, embora contivesse muito poucos artigos pessoais. Depois de dois meses e meio de errância, não era um alforje que ele levava nos ombros, mas sim um grande saco do Papai Noel.

Ao longo dos caminhos da Alta Galícia, as raras construções são de pedras e cobertas de lajes musgosas. As próprias divisórias dos campos são feitas de largas pedras erguidas e plantadas no solo, para formar verdadeiros muros. Arcaicas e de aspecto bruto, essas paliçadas minerais levam aos tempos remotos dos primeiros cultivadores. O caminhante tem a impressão de ter recuado para bem antes da época do Cristo e dos santos, antes mesmo da Antiguidade, até um período pré-histórico. Alguns símbolos cristãos conseguiram abrir caminho até essas terras antigas, mas se abrigam sob os mesmos amontoados minerais. Assim é que passamos por várias ermidas: a habitual decoração mariana, as flores em vasos e as velas que projetam no santuário uma luz surda de entranhas vermelhas e ali estavam protegidas pela pele rugosa de espesso telhado de pedras secas.

Nas dobras do desfiladeiro, encontramos vestígios de uma antiga hospedaria de peregrinos. Aqui as ruínas não estavam reduzidas a estado de cascalho como na variante que me fora indicada pela merceeira. Eram paredes altas que desenhavam ainda nitidamente os diferentes cômodos do prédio antigo. Construídos sem o auxílio da mínima argamassa, as paredes eram empilhamentos de pedras basálticas. Sua cor avermelhada ampliava o caráter austero do lugar, cortado por um vento gelado. O lugar era, porém, cheio de alegria. Um grupo de espanhóis ria e tirava foto nas ruínas. Mulheres e homens estavam bronzeados, vestidos com tecidos fluorescentes de cores vivas. Retomamos a caminhada com eles. Eles nos contaram que viviam nas Canárias, que tinham partido de Oviedo, e que aquele frio cortante era o que tinham ido buscar, para esquecer o clima ameno de suas ilhas.

Um pouco adiante, no fundo de um vale à saída de um bosque, um refúgio engoliu todos nós. Ali encontramos outros peregrinos à mesa, as bochechas avermelhadas pelo frio, ao redor de chocolates quentes. Para nós, que vínhamos de longe, essas etapas galícias já indicavam a iminência do término da viagem. A despreocupação, a alegria e o frescor daqueles caminhantes anunciavam o que seriam os últimos quilômetros com suas multidões bem repousadas, que chegavam a Compostela vindas apenas de seu subúrbio. Com eles, a peregrinação assumiria o aspecto breve, juvenil e lúdico que reveste Chartres, por exemplo, a que se chega em poucos dias. Contudo, a rudeza dessas últimas terras altas contrabalançava a alegria, dando à paisagem um aspecto austero e grave que ainda lembrava o esforço da peregrinação de longo curso.

Talvez porque, no meio daqueles caminhantes de última hora, nós três fôssemos portadores da verdadeira tradição do Caminho, aquela que havia feito de nós fantasmas apatetados, estranhos a si mesmos, liberados da rigorosa fronteira que, para todos os outros, separa a realidade do sonho, permanecemos juntos para as últimas etapas.

Assim é que houve muita alegria naquelas regiões desoladas. Caminhávamos brincando nas ruazinhas de aldeias que se tornaram grandes demais e cujas sombrias casas de pedras cinza e de ardósia pareciam encerrar apenas velhos. Alguns cães, excitados com a nossa presença, latiam com todas as forças, e seus latidos repercutiam lugubremente pelos muros. O dialeto galego, próximo do português, aparecia nos letreiros. Aqueles lugares abandonados pelos deuses pareciam conhecer apenas dois movimentos: o exílio dos jovens e a volta dos velhos. Cafés grandes demais eram mantidos por ex-operários da Renault, que evocavam com dolorosa nostalgia Les Halles ou a Porte de La Chapelle. Igrejas imensas perpetuavam a lembrança de tempos distantes em que a população era numerosa e fervorosa. Aquelas construções, hoje desproporcionais, provocam nos aldeões um sentimento misto de orgulho e desconforto. Orgulho por ser assim lembrado o passado de riqueza da região. Desconforto como que diante de um convidado que chega com um presente caro demais, e humilha mais do que homenageia aqueles a quem é destinado.

Menos incomodados do que eu com os roncos, meus companheiros fizeram uso de albergues. Eu tive más experiências de acampamento naquelas regiões glaciais e úmidas. Finalmente, na última noite, antes de nos separarmos, hospedamo-nos os três num pequeno hotel. A bem dizer, era apenas um bar acima do qual alguns quartos haviam sido adaptados. Eram claros e modernos, com grandes janelas abertas para a paisagem de uma tristeza de desestimular qualquer coragem: uma estrada na qual não passava carro algum; um pomar de macieiras pingando de chuva; um depósito de pedras cuja porta estava obstruída por espinheiros.

Houve um pouco de hesitação no momento em que escolhemos os quartos. Poderíamos pôr os dois homens juntos, ou formar um casal com Marika. Mas, nesse caso, quem deveria passar a noite com ela? Por fim, foi o critério de idade que, sem ser explícito, prevaleceu: os jovens deixariam o mais velho — eu — ficar à vontade num quarto.

No dia seguinte de manhã, meus companheiros quiseram partir cedo, enquanto eu tinha todo o tempo: iria me encontrar com minha mulher, Azeb, bem tarde, na parada seguinte. Decidi, no entanto, me levantar na mesma hora que eles para nos despedirmos.

Fomos à procura de um lugar para tomar café. As ruas, àquela hora matinal, estavam ainda mais desertas que durante o dia, e todas as lojas estavam fechadas. Por fim, eles decidiram partir com a barriga vazia. Trocamos endereços, sentados em degraus de pedra, perto do hotel. Foi nesse momento que um mistério nos foi revelado.

Um táxi subia devagar a rua principal da aldeia. Parecia muito carregado. Quando chegou a algumas dezenas de metros de nós, ele parou. As portas não se abriram imediatamente. O carro balançava sobre as rodas. O motorista se virava para trás, sem dúvida para receber o valor da corrida. De repente, uma porta se abriu e nós vimos Ralf e Gunther descerem. Ficamos então conhecendo o segredo de estarem permanentemente adiantados...

Noite romana

AZEB nasceu na Etiópia, numa região de altos planaltos nos quais o calor do sol é temperado pela altitude. Seu país deu ao mundo alguns dos melhores corredores de fundo, e toda a população está habituada a andar. Embora viva na França há quase trinta anos, Azeb não é exceção. Ela era perfeitamente capaz de fazer o Caminho todo. Menos fascinada, contudo, do que eu pelo assunto, não via motivo para se infligir semelhante prova. Sua única motivação era que pudéssemos nos encontrar na Galícia para percorrer os últimos 100 quilômetros. Por comodidade, escolhemos como ponto de encontro a cidade de Lugo, relativamente fácil de alcançar por trem. Não desconfiávamos do que nos esperava ali.

Lugo, situada numa colina, é cercada de muralhas romanas que chegam a ter de 10 a 12 metros de altura em certos lugares. Poucas cidades no mundo podem se orgulhar de semelhantes fortificações, tanto mais que em Lugo elas estão completas, e praticamente intactas, justificando a classificação do lugar como Patrimônio Mundial da Unesco.

Os habitantes do lugar, formados por referências antigas, tiveram a ideia de, anualmente, celebrar uma "festa romana" que acontece no mês de junho. Durante esse fim de semana latino, cada habitante é convidado a se vestir como um romano. As roupas são preparadas com esmero durante o resto do ano. Participantes vindos das cidades vizinhas e agora de toda a Espanha se juntam à festa todos os anos, cada vez em maior número, trazendo suas fantasias. O resultado é uma cidade inteiramente povoada durante dois dias, por milhares de homens e mulheres saídos direto de Asterix.

Sendo a alma humana o que é, quando damos a alguém a possibilidade de se fantasiar de romano, é raro que ele se vista de escravo. Ele se imagina mais facilmente um imperador. Foi, portanto, a uma cidade cheia de Césares e de Neros que cheguei para encontrar minha mulher. Pois quis o acaso que a festa romana acontecesse bem no dia em que seria nosso encontro.

De nada sabíamos. Ao cruzar as muralhas pela Puerta de San Pedro, como o próprio rei Afonso II havia feito em 829, achei o lugar pitoresco. Depois de ter passado pela quinta Cleópatra, comecei a me fazer perguntas. Parei um centurião e lhe pedi explicações. Ele me informou com ar marcial, inteiramente inserido no personagem, e me saudou com o braço estendido.

Quanto à minha mulher, preparada por suas leituras a mergulhar na Idade Média, teve a impressão, ao descer do trem em Lugo, de não ter parado na estação certa, na máquina de voltar no tempo.

Quando ela me viu, na praça do mercado, nem assim entendeu. Porque um peregrino não é de época alguma. Aquele ser hirsuto de roupas sujas, o rosto emaciado e calçados enlameados, também pode pertencer à Antiguidade romana ou à Idade Média e até mesmo ao presente. Ele é ao mesmo tempo familiar e irreconhecível. Depois de um abraço tímido durante o qual tomei consciência da minha sujeira, sentamo-nos ao ar livre debaixo de um castanheiro e bebemos uma Coca-Cola em meio a alegres mesas de patrícias de roupas leves e de alegres senadores. Roma, é claro, é admirada pelo equilíbrio de seus monumentos e pela eloquência de seus oradores. Mas essas reminiscências escolares foram ocultadas por outra reputação presente no inconsciente do mundo: é a cidade das orgias e da luxúria. Sentimos, desde o início da festa romana, que as togas e os véus não iriam se manter a noite toda. A maioria dos imperadores estava de copo na mão desde antes do fim do dia. E o sucesso desses dias romanos se deve sobretudo ao calor de suas noites.

Apesar da felicidade de nos reencontrarmos e do desejo que também sentíamos, ampliado por minha longa ausência, não conseguíamos estar tão relaxados quanto os Calígulas que nos cercavam. É que, nos primeiros momentos do reencontro com alguém acostumado com sua identidade anterior, você avalia com mais exatidão as mudanças que a peregrinação operou em você.

Essas diferenças são perceptíveis em todos os níveis. Certamente é no plano psicológico que são mais evidentes, bem como as mais esperadas. O peregrino não tem a mesma noção do tempo que o recém-chegado. Este lhe parece agitado, impaciente, enquanto ele passa de si uma imagem de indolência e de relaxamento. Tudo isso é bastante superficial, apesar de tudo. O peregrino sente que, no dia em que retomar sua vida de antes, esses efeitos do Caminho desaparecerão. Em compensação, há um campo no qual a transformação é mais profunda e mais durável. É, no entanto, um assunto aparentemente menor: trata-se da mochila.

Para o recém-chegado ao Caminho, ainda mais que ele não pretende percorrer um grande trecho, a mochila é simplesmente... uma mochila. Para o peregrino já enternecido por uma longa caminhada, a mochila é o companheiro, a casa, o mundo que ele transporta. Em resumo, é sua vida. A cada passo, as alças se enfiaram em sua carne. Esse fardo faz parte dele. Se ele o pousa, é sem nunca perdê-lo de vista.

A desenvoltura com a qual o novo caminhante enfia na mochila objetos variados e geralmente supérfluos, sem pensar nem no volume nem no peso, provoca no peregrino treinado um temor próximo do pavor. É que, ao longo das etapas, o caminhante aprendeu a pesar, no sentido próprio e no figurado, cada um dos elementos que compõem seu equipamento.

Antes de partir, eu tinha encontrado um pouco por acaso sites da internet dedicados à "caminhada ultraleve", ou MUL. Logo descobriria que não se tratava apenas, para os responsáveis por aqueles sites, de dar conselhos técnicos. A abordagem deles era mais global, mais ambiciosa, e se apresentava quase como uma filosofia. O axioma central do pensamento MUL se resume a uma frase: "O peso é o medo."

Para os adeptos dessa atitude, o essencial consiste em meditar sobre a noção de carga e, mais além, sobre a necessidade, sobre o objeto, sobre a angústia que se liga à posse. "O peso é o medo." Partindo daí, cada um é chamado a refletir. Um pulôver: é necessário. Levo dois: por quê? De que tenho tanto medo? O frio é realmente ameaçador, ou é meu inconsciente que, a esse respeito, pesa com todo o peso de minhas neuroses?

Os sectários do movimento MUL vão longe na vontade de se livrar de todo medo irracional. Seus sites formigam de invenções engenhosas que permitem a um único objeto responder a várias necessidades (reais). Encontraremos, assim, capas de chuva que se transformam em barraca, sacos de dormir que viram casaco acolchoado, um tapete utilizado como divisória de mochila. Sua engenhosidade os fez descobrir soluções originais para transformar uma lata de cerveja em fogareiro, ou fabricar uma mochila com uma rede para guardar bolas de tênis. Encontramos no site carregamentos-modelo, elaborados em função da duração da caminhada e do clima. Aprendemos assim como circular durante cinco meses com 6,5 quilos nas costas e em montanha média sem levar mais de 4 ou 5 quilos, ou atravessar a Islândia durante 17 dias com total autonomia, sem levar mais de 15 quilos.

Eu tinha visitado esses sites com curiosidade e um pouco de condescendência, confesso, porque parecia uma extravagância minimalista um pouco folclórica. Mesmo assim pesquei algumas ideias e me acreditei esperto, rindo de meus medos, à medida que enchia a mochila com camisetas e meias.

Assim que peguei o Caminho, porém, tudo mudou. A mochila tornou-se para mim, e para todo santiagueiro, o companheiro de todos os instantes. Esse companheiro reveste duas formas distintas, opostas e contraditórias. Aberta, a mochila expõe seus tesouros. No tapete do quarto de hotel, tudo aquilo de que podemos dispor está ali. Mudar de roupa, cuidar-se, lavar-se, divertir-se, orientar-se: todas essas funções são asseguradas pelos objetos tirados da mochila.

De madrugada, contudo, quando é preciso partir, essa desordem deve poder caber inteira na mochila, sem torná-la pesada.

A essa imposição somou-se uma dor lancinante nas costas, sequela de um antigo traumatismo que, alguns meses depois, levaria a uma intervenção cirúrgica. A hérnia de disco que me comprimia a raiz nervosa agia como sinal de alarme todas as vezes que eu pegava minha mochila pelas alças para ajustá-la às costas. A obsessão do peso assumiu então um caráter tirânico. A cada etapa eu examinava, agora seriamente, os objetos que transportava, perguntando-me honestamente se eram indispensáveis. O peregrino que se lança a tal exame tem à sua disposição duas ferramentas preciosas: as latas de lixo e as agências de correio. Nas primeiras, ele deposita aquilo de que quer se desfazer quando o objeto em questão é de pouco valor. Se ele se interessa por eles, pode empacotá-los e enviá-los a si mesmo. Foi assim que encontrei, ao voltar, os utensílios de cozinha e o fogareiro de montanha com os quais havia bem inutilmente me sobrecarregado, num país em que o *menu del día*, copioso e a preço reduzido, parece figurar entre os direitos universais do homem.

Esse despojamento progressivo, esse desfolhamento da mochila prosseguiu ao longo das etapas. A reflexão sobre meus medos deixou de ser assunto de brincadeira: considerei a questão com seriedade. Descobri, por exemplo, que eu era vítima de um medo irracional do frio (a ponto de arrastar durante toda a viagem, por falta de solução alternativa, um saco de dormir para alta altitude, totalmente sem necessidade no início do verão espanhol). Em compensação, eu estava livre, até a inconsciência, de toda angústia relativa à fome e à sede. É verdade que eu nunca como durante os percursos na montanha e que funciono como um verdadeiro camelo, em desacordo com todas as recomendações médicas.

Sem entrar em maiores detalhes de cunho psicanalítico, eu diria da mesma forma que sou extremamente sensível aos odores axilares — ando sempre munido de desodorante e de camisetas limpas —, mas, por outro lado, suporto muito bem não lavar os pés. Esses detalhes, eu sei, podem, na melhor das hipóteses, provocar o desinteresse de vocês, ou pior, o nojo, e não insistirei no assunto. Que me permitam apenas dizer que essas constatações são portas abertas para o inconsciente, e cada um, caso se entregue a esse exame de si mesmo, certamente obterá proveito...

De qualquer modo, à medida que o Caminho se prolonga, a mochila emagrece e atinge uma forma de equilíbrio frugal que chega à perfeição.

O choque é violento, ainda mais quando vamos nos encontrar com alguém que ainda não realizou essa depuração. Quando minha mulher, com um sorriso desarmante, pronunciou a seguinte frase: "Na verdade, não tive tempo de fazer uma triagem no meu estojo de maquiagem antes de partir e o pus como estava na minha mochila", tive a sensação de que ia cair para trás.

Todo o talento dos fabricantes de cosméticos reside, como sabemos, na arte com a qual sabem guardar um dedo de base num frasco de vidro tão espesso que seu conteúdo mal aparece. Por um instante fiquei tentado a mandar minha cara companheira fazer exame de seus medos, mas preferi me alegrar por ela dispor de meios para ficar bonita, e enfiei o estojo obeso em minha magra mochila.

Errâncias

Lugo fica próximo do término da viagem. Restam poucas etapas até Santiago, e o Caminho se liga, nesse último trecho, ao célebre *Camino Francés*, a autoestrada dos peregrinos, a via mais frequentada e a mais direta, na qual se lançam centenas de pessoas todos os dias. Eu temia esse encontro e não estava preparado para deixar as solidões do Caminho do Norte. Minha mulher, que se encontrou comigo para esses últimos dias, mal iria conhecê-las. Era de fato uma pena fazê-la mergulhar imediatamente na multidão do Caminho Francês. Foi para evitar essa contrariedade, ou pelo menos para retardá-la, que me entreguei ao que em mim é um vício perigoso. Não adianta saber, o prazer é forte demais, e eu não consigo resistir: gosto dos atalhos. Toda a minha família conhece os estragos que essa tendência repreensível ocasionou. A pretexto de avançar mais depressa, de descobrir uma nova paisagem, ou — mais hipócrita ainda — de economizar tempo, arrastei minha família ou meus amigos para supostos atalhos que em geral se revelaram mais longos e mais difíceis, e viraram francos pesadelos. Pessoalmente, esses erros não me afetam. Para mim, o atalho é a aventura e, a despeito do que aconteça, a felicidade. Para os que confiam em mim e seguem meus passos, essas peripécias são, de modo geral, muito menos engraçadas. De repente eles percebem que aquele que eles seguiam sem angústia por um caminho é capaz de se perder completamente. Continuar mostrando bom humor nessas circunstâncias não serve de nada. Ouvir você cantar quando a vereda desapareceu e abrimos caminho pelos espinheiros tem como consequência ser considerado louco.

É, portanto, com pleno conhecimento dessa falha que eu propus à minha mulher, ao sair de Lugo, tomar uma variante do Caminho. Não pronunciei a palavra variante, muito menos a palavra atalho: as duas a teriam alertado. Falei apenas de duas possibilidades e declarei optar pela mais interessante.

Tomamos, então, um ramo do Caminho de que ouvira meus ex-companheiros falarem, a eslovaca e o belga. Eles me mostraram num mapa o ponto de partida e o ponto de chegada dessa variante e me garantiram que era bem sinalizada.

Seu principal mérito era nos fazer chegar ao Caminho Francês numa única e última etapa. Fazia muito calor quando pegamos a estrada. Azeb ainda estava cheia de energia. O lento desfile dos quilômetros ainda não a tinha desgastado. Ela estava no estágio em que a distância-padrão, o famoso e perturbador "quilômetro", lhe parecia curta. "Um quilômetro já!", esse é o grito do caminhante noviço. Enquanto que, para o peregrino treinado, o refrão surdo, desencorajante, seria: "Esse quilômetro não acaba nunca!"

O tempo bom envolve o drama como a almôndega esconde o veneno. O céu azul sem nuvem, a terra loura de trigo curto, as bolas de ensilagem com seus plásticos brancos e negros postos sobre o tabuleiro dos campos, as curvas da fita de asfalto, tudo concorre para tornar a paisagem inofensiva e tranquilizadora. Enveredamos pela variante sem que eu mostrasse minha leve apreensão. No início tudo foi muito bem: setas amarelas a intervalos regulares, marcos com conchas comprovavam que meus companheiros tinham dito a verdade: a variante era sinalizada. No entanto, depois de alguns quilômetros, a marcação se tornou menos clara. Não deixei transparecer minha perturbação e, com ar viril e competente, indiquei sem hesitação a direção a ser tomada. Ela nos conduziu a um pátio de fazenda em que dois molossos literalmente desenfreados nos acolheram com todos os dentes à mostra. Azeb, que nesta vida não tem medo de nada exceto de cães, deu meia-volta, correndo. Eu a segui, minimizando o incidente: um erro de falta de atenção.

Na primeira ramificação, escolhi uma nova direção. Logo tive de me render, infelizmente, à evidência: nenhum sinal santiagueiro por ali também, cruzamentos incertos, todos os caminhos semelhantes, e nenhum marco no horizonte para nos orientar. Estávamos mesmo perdidos.

Por maior que fosse minha segurança, certa aflição era perceptível em minha atitude. Minha mulher, que me conhece bem, sentiu os primeiros sinais de alerta do mal conhecido: "Você pegou outra vez um atalho?", me perguntou ela, no tom pesaroso que se usa para lamentar a recaída de um alcoólatra. Diante de minha resposta inquieta, ela concluiu logicamente que, mais uma vez, e isso desde o primeiro dia de caminhada, eu a tinha embarcado numa canoa furada.

Tentei apresentar no tribunal algumas testemunhas em minha defesa. Peguei um mapa, remexi no que tinha sobrado do guia do qual eu havia rasgado a maior parte ao longo do caminho. Essas ações mascaravam mal a realidade: não sabíamos onde estávamos. Naquela hora, meio-dia, não havia vivalma no caminho, e os lugarejos estavam desertos. A sede começava a nos torturar. Finalmente, chegamos a um cruzamento. Uma estrada asfaltada e, num marco, o nome de uma aldeia digna de ser listada no mapa. Infelizmente, estava situada no Caminho Francês e, como o alucinado que eu sou, nesse caso, fazia questão da minha variante. Dando provas de eloquente má-fé, consegui convencer Azeb a partir na outra direção. Alcançaríamos por ali a vila situada na variante na qual eu tinha previsto dormir. Apesar da desconfiança, ela aceitou, e nos lançamos na sombra muito relativa do acostamento. A estrada era estreita, um interminável falso plano. As árvores, inicialmente numerosas, ficaram mais esparsas e logo nada mais nos protegia do sol em seu zênite. Minha primeira mentira funcionou: afirmei que, no alto da encosta, não demoraríamos a ver a aldeia na qual passaríamos a noite. No alto da encosta, porém, descobria-se outra encosta. Nem uma só casa nas imediações, campos monótonos, queimados pelo sol. As dificuldades, sabemos, andam em bandos: ao fato de estarmos perdidos, somou-se o calor e logo a sede, pois eu não havia apanhado água suficiente. A intenção era louvável: não sobrecarregar mais a mochila. A consequência, depois de bebida a última gota, foi a chegada entre nós da angústia e do mau humor. No alto da terceira encosta, eu não tinha mais mentiras, e esgotáramos a água havia muito tempo. A tempestade estourou; não a do céu, que nos teria refrescado. Outra tempestade mais terrível, da espécie conjugal.

Eu era um incapaz. Por que me recusava a seguir o caminho normal? Não se podia confiar em mim etc.

Na mesma hora, toda a minha experiência de peregrino desmoronou. O mais terrível naquele erro foi que não apenas ele nos deixou perdidos, mas também desacreditava toda a minha viagem. Não importava o que eu dissesse, minha brilhante demonstração de incompetência provava que eu continuava um amador.

Tivemos, à margem da estrada, uma discussão violenta. Eu temi que os bastões de caminhada, dos quais minha companheira se munira, fossem utilizados para me bater. Finalmente, consegui fazê-la desistir de voltar. Eu a convenci a continuar, com a condição de tentar uma carona enquanto andávamos. Era uma pequena concessão, pois quase não passava ninguém nas horas quentes. Retomamos, portanto, nossa caminhada tendo como único consolo nossos polegares erguidos. Dois carros passaram a toda, sem se preocupar conosco. Ainda não havia aldeia à vista. Finalmente, depois de um bom tempo, vimos aparecer no horizonte da estrada atrás de nós um veículo muito lento que se revelou um caminhão. Milagre, ele parou. A cabine era pequena, e os dois homens que a ocupavam se espremeram para que pudéssemos subir, levando as mochilas no colo. Estávamos salvos. Logo, porém, fomos tomados por uma preocupação: a cada curva, o caminhão se inclinava perigosamente, e ouvíamos o ruído de cavalgada, de choques surdos e precipitados vindos da parte de trás. O motorista estava agarrado ao volante e, com dificuldade, mantinha a direção, imprimindo largos movimentos ao volante. Juntando espanhol suficiente para me fazer compreender em poucas palavras, perguntei à tripulação o que o pequeno caminhão transportava.

— Três touros.

Os pobres animais, tomados de pânico a cada curva, batiam os cascos com todo o peso no chão do caminhão.

Essa revelação nos deixou silenciosos. Compreendíamos melhor os esforços feitos pelo motorista para manter a direção, apesar da agitação furiosa dos animais de uma tonelada. A paisagem desfilava devagar. Era magnífica, mas revelava em especial uma evidência: se tivéssemos prosseguido a pé, seriam necessárias muitas horas de sofrimento para chegarmos ao nosso destino. A vila para onde íamos era, aliás, maior do que o previsto, e ainda teríamos levado várias horas para atravessá-la.

Finalmente paramos na praça central. Os touros saudaram nossa chegada com uma última salva de pateadas, esclarecendo-nos de passagem sobre as possíveis origens do flamenco. Alguns homens sentados em bancos à sombra nos olharam descer, e nós tentamos, apesar das circunstâncias, conservar um semblante natural, até mesmo digno. O enorme caminhão deu a partida com seus bovinos. Estávamos salvos.

O Caminho Francês

Eu tinha reservado a única pensão com que a cidadezinha contava. Situava-se acima de um café. O dono nos levou até nosso quarto. Era um sufocante reduto mobiliado com uma grande cama quebrada e um armário nas últimas. Assim que o dono do café desceu, corremos para abrir totalmente a janela. E ali, depois da sede, da errância, dos touros, esperava-nos a última surpresa, a que deveria abalar em definitivo nossa coragem: ela dava para um muro. Ele se situava a aproximadamente 30 centímetros. Daria no mesmo se empilhássemos blocos de pedra na janela, como nas casas insalubres; eles não teriam deixado passar menos luz nem menos ar.

Sentamo-nos na cama, cada um de um lado. Nesse instante, descobri a suprema forma de solidão que o peregrino pode experimentar. É a que ele sente quando está acompanhado e o outro ainda não se habituou ao Caminho.

Ousei uma última defesa:

— Poderia ter sido pior — arrisquei.

Azeb virou para mim um olhar esgotado.

— ... poderíamos ter dormido ao relento.

Ela deu de ombros, e nós caímos na risada. São Tiago avaliou nossa aflição e nos enviou sua graça.

*

    Essa errância teve, contudo, seu lado bom. Deu às últimas etapas do Caminho um aspecto selvagem que nos poupava da multidão. Porque a aproximação de Santiago pelo itinerário clássico modifica o ambiente da peregrinação. Os caminhantes perseverantes e vindos de longe são pouco a pouco submersos no meio dos trabalhadores de última hora, aqueles que, de carro, de avião, de carona, de trem ou de disco voador, querem de qualquer jeito fazer os últimos quilômetros a pé e entrar em Compostela como verdadeiros santiagueiros.
    Não precisávamos temer esse empurra-empurra na nossa variante deserta. Para evitar que nos perdêssemos de novo, tivemos de preparar cuidadosamente o itinerário num mapa. Azeb, que pagou por confiar em mim, insistiu que eu lhe mostrasse todas as manhãs o que a esperava. Na falta de sinalização precisa, recorremos à segurança das estradas que, por sorte, são vazias, ou quase, naquelas regiões. Atravessamos intermináveis bosques de eucaliptos cheirosos que lembravam a Etiópia. Perdemo-nos uma única vez e procuramos longamente numa aldeia deserta alguém capaz de nos orientar. Por fim, nós a encontramos no pequeno cemitério ao lado da igreja. Dois operários selavam um túmulo. Eles saíram da terra, no momento em que não esperávamos mais nada, e se ergueram dentre os mortos para nos mostrar o caminho.
    Uma das únicas pessoas que encontramos nesse caminho perdido foi um peregrino alto-saboiano, com quem eu havia cruzado na Cantábria. Evidentemente, ele não tinha perdido a oportunidade de se perder. Nós o vimos primeiro passar num caminhão, em sentido contrário, depois voltar até nós com seu andar inclinado. Ele havia se adiantado, mas um peregrino que encontrara na estrada o convencera de que tinha se enga-

nado de direção. Então pegou carona, voltou 10 quilômetros, antes de perceber que estava na rota certa. E agora, estava de volta.

Nosso itinerário nos levou a um ponto conhecido, o belo mosteiro de Sobrado. Sua igreja abacial é uma pequena Santiago em miniatura. O mosteiro ainda não estava situado inteiramente no Caminho principal, mas constitui sua variante clássica, muito mais frequentada que a nossa. Quando o alcançamos, era como se já tivéssemos chegado. O ambiente ali é ingênuo, alegre. Fomos assistir às vésperas numa sala com paredes revestidas de modernos lambris de carvalho dourado. O ambiente não era mais o dos escuros altares barrocos dos santuários do interior. Os dormitórios eram ocupados em sua maioria por jovens, namorados na maior parte, que tagarelavam e sussurravam rindo. A tromba nasal do saboiano ressoa assim que as luzes se apagam e provoca o riso das meninas, mais um pretexto, sem dúvida, para agarramentos na escuridão.

Eu tinha notado, quando fui comprar frutas à noite na aldeia, a grande austríaca que encontrara no País Basco. Havia se afastado das colegas e parecia estar se divertindo muito na companhia de dois rapazes. Brincos, tatuagem e jaquetas com tachas, eles pareciam saídos de uma *rave*. Seus novos camaradas, a proximidade de Santiago e os grandes baseados que fumava colaboravam para tornar a austríaca luminosa. Fiquei feliz por ela.

Deixamos o mosteiro com pena no dia seguinte de manhã, porque ele era belo, alegre, e porque a partir dali iríamos ao encontro do Caminho das multidões sem poder fugir delas. Era, de certo modo, nosso adeus à solidão. Abandonávamos uma última etapa: a de Compostela, com seus postos avançados, seus redutos, suas defesas e seu coração. Porque já faz tempo que Santiago não é mais uma aldeia, o pequeno perímetro de uma basílica construída em torno das relíquias do santo. Tornou-se um mundo, uma verdadeira cidade, e sua presença se faz sentir de longe.

Alcançamos o Caminho Francês numa pequena vila. A estreita senda na qual caminhávamos desembocou de repente numa larga vereda, desgastada por passos. Para nossa grande surpresa, entretanto, não havia ninguém. Tomamos o famoso e temido Caminho, seguindo as conchas que nos pareciam maiores, o que era, ao que parece, uma ilusão. Ao fim de algumas centenas de metros, sentimo-nos ao mesmo tempo aliviados e decepcionados. Aliviados porque nada havia verdadeiramente mudado; decepcionados porque esperávamos mais animação. Logo o motivo dessa calma nos foi mostrado: não chegamos na hora certa. No Caminho Francês, os caminhantes são tão numerosos, e os lugares nos albergues tão preciosos, que todos correm de manhã para serem os primeiros na etapa. No nosso *Camino del Norte* tranquilo, não conhecemos essa luta por cama, nem a linha de mochilas postas diante da porta do albergue à espera de que o hospedeiro registre os peregrinos. Porque, no impiedoso mundo do Caminho Francês, o lugar das mochilas na fila indica a ordem na qual os santiagueiros serão recebidos.

A via real da peregrinação é vítima de seu sucesso, particularmente próximo a Compostela. Em todos os outros lugares, nos outros caminhos, os peregrinos, em pequeno número, desaparecem na paisagem. No Caminho Francês, eles estão em primeiro plano. O ambiente se adaptou a eles. Anúncios lhes são destinados; lugares de abastecimento ou de hospedagem de tamanho considerável os acolhem; lojas vivem dessa clientela, numerosa embora não pródiga. A engenhosidade dos mercadores do Templo é, como sabemos, sem limites.

Nessas regiões pobres, eles souberam tirar partido da presença dos peregrinos, propondo uma infinidade de serviços engenhosos que lhes são destinados. Assim é a Mochila-Express. Esse sistema de táxi para as bagagens permite aos caminhantes livrar-se da mochila e encontrá-la na parada.

Foi quando descobrimos a Mochila-Express que encontramos explicação para um fenômeno que nos tinha impressionado desde que chegamos ao Caminho Francês. Os raros peregrinos que encontramos, por causa da hora já tardia, levavam às costas apenas pequenas bolsas de passeio, pouco cheias. Inicialmente, admiramos a extrema frugalidade desses viajantes sem bagagem. Um detalhe, contudo, nos intrigava. Embora carregassem pouco mais que a minúscula trouxa dos *sadhus* indianos, estavam vestidos com elegância e limpeza. Vimos aí, no começo, um milagre, até compreendermos que se tratava simplesmente do bom resultado da Mochila-Express: se aqueles caminhantes não tinham nada nas costas, era porque sua carga os esperava na chegada.

No Caminho Francês, a diferença entre peregrinos ricos e peregrinos pobres, entre humildade e *business*, é ainda mais visível que em outros lugares. Não chegaria a dizer que o Evangelho havia previsto essa contradição. Para compreender, porém, o estranho destino de São Tiago, é preciso lembrar o incidente que opôs Jesus à mãe de seu discípulo.

A mulher de Zebedeu, o pescador, mãe de João e de Tiago, foi à procura do Cristo para lhe pedir um favor: ela apelava ao Messias para que, no reino dos céus, seus filhos tivessem assento ao seu lado. Isso lhe valeu um comentário ácido da parte de Jesus. Ele lembrou à ambiciosa que o sacrifício daqueles que o seguiam não devia ser oferecido com vistas a obter vantagens futuras. Esse episódio, de certo modo, não terminou. São Tiago continua a inspirar duas atitudes: uma humilde e desinteressada, é a dos peregrinos solitários e miseráveis que percorrem a Europa para encontrá-lo em seu refúgio de Compostela. As privações e a humilhação são seu quinhão cotidiano. Eles as suportam porque elas os ajudam a alcançar um objetivo espiritual, qualquer que seja sua forma. Outros, ao contrário, mais fiéis nisso à mãe de Tiago do que ao seu filho apóstolo, procuram na peregrinação uma retribuição. O que eles querem é um pouco do poder e da glória que se associam ao rei dos céus e a seus servidores...

As novas tecnologias são convocadas em cada época para se colocarem a serviço daqueles que querem uma peregrinação confortável. Às vezes, isso produz resultados estranhos.

Assim, ao atravessar um bosque de pinheiros, tivemos a surpresa de ouvir uma voz publicitária cair do céu e enaltecer os encantos de um albergue particular situado a 2 quilômetros e propor quartos luxuosos. Não havia nenhuma mata de corte naquele bosque, apenas troncos retilíneos de pinheiros e, no chão, um tapete de agulhas avermelhadas; ninguém poderia esconder-se naquela paisagem. Estávamos sozinhos. Foi então que, voltando atrás, descobrimos o segredo da misteriosa mensagem. Uma célula fotoelétrica fora disposta sobre dois troncos entre os quais passava o Caminho. Na passagem, os peregrinos cortavam o feixe luminoso e ligavam um alto-falante preso a um ramo.

Não tivemos mais que suportar por muito tempo esses inconvenientes, pois Compostela já estava ali. Antes mesmo de ver a cidade, encontramos seus célebres postos avançados, lugares de excitação e de libertação cujos nomes mágicos fazem os peregrinos sonhar desde a Idade Média: o Monte del Gozo, Lavacolla, a Puerta del Camino.

Últimas provas

LAVACOLLA, como o nome indica, é o lugar em que os peregrinos, prestes a alcançar o santuário, procediam antigamente a grandes abluções. Alguns riachos dispõem de covas nas quais seria possível lavarmos pelo menos os pés e talvez um pouco mais. Não é provável que essas instalações naturais permitam uma limpeza profunda, em razão da sujeira que o Caminho depositou na pele dos infelizes caminhantes. Enfim, era melhor que nada e, em todo caso, suficiente para que os santiagueiros se sintam apresentáveis. De todo modo, são suas almas que eles vêm submeter à benevolência do Apóstolo, e a elas o Caminho havia limpado em profundidade.

Lavacolla, hoje, é o espaço do aeroporto de Santiago de Compostela. Aviões de grande porte ali depositam aos montes peregrinos do mundo todo, que consideram inútil, ou impossível, virem andando. O tráfego no aeroporto é tamanho que foi preciso alongar a pista (ou abrir uma nova). Em todo caso, uma imensa terraplenagem, que tinha acabado de ser concluída quando passamos por lá, domina o Caminho. Toda uma instalação de balizas vermelhas e brancas, de faróis possantes destinados a sinalizar a pista e de cercas domina a estreita garganta atulhada de mato, na qual passa a vereda dos peregrinos.

Se, nas charnecas asturianas, o Caminho era impregnado de uma espiritualidade abstrata, afastado de qualquer religião, e que eu qualificaria, na falta de melhor termo, de budista, próximo de Santiago ele é cada vez mais marcado pelos símbolos e pelos valores cristãos e até mais precisamente católicos.

Em Lavacolla, por exemplo, é a dimensão da humildade do cristianismo que se impõe. O peregrino minúsculo, extenuado de cansaço, caminha em meio a arbustos, enquanto máquinas monstruosas, buldôzeres, pás mecânicas, caminhões-cisterna, despejam até a beira de seu Caminho a terra gorda do novo aterro. Acima dele passa zumbindo a massa de aço rutilante dos quadrimotores vindos do outro lado dos oceanos. O caminhante se sente infinitamente pequeno sob o ventre desses monstros. A tradição que ele perpetua passo a passo lhe parece ridícula, fora do século e desprovida de sentido para todas as pessoas sensatas, as que vão a Compostela pelos ares. De modo eminentemente cristão, contudo, a alma minúscula, insignificante, esmagada do peregrino está cheia de orgulho. Porque ele traz para o Apóstolo uma coisa infinitamente preciosa que os viajantes do céu não possuem: o sofrimento, seu tempo, seu esforço, a insignificante prova de sua devoção, esses milhões de passos realizados sob qualquer clima e sobre os mais duros caminhos para chegar até lá.

Lembro-me de um porto, no País Basco, Castro Uriades, a que cheguei ao final de uma difícil semana. Um casal de franceses entabulou conversa comigo num restaurante. Descobrimos que eles, como eu, partiram do mesmo ponto: Hendaye. A diferença — porque eles viajavam de carro — era que eles tinham deixado aquela cidade... duas horas antes. Foi minha primeira experiência do curioso sentimento que habita o peregrino: ser um infinitamente pequeno que gosta dessa humildade a ponto de ver nela quase um pecado de orgulho.

Depois dos riachos de Lavacolla, o Caminho sobe suavemente nos eucaliptos. A próxima etapa anunciada, mais distante do que se pensa, é o célebre Monte del Gozo. É o monte da alegria porque, em seu topo, se descortinam os telhados vermelhos de Compostela.

Inconscientemente, o caminhante apressa o passo. A cada instante ele crê chegar ao alto da encosta. Mas ainda não é ali. Ele torna a partir, esgotado, desesperado. Enquanto espera, sonha e imagina que esse famoso cume é um belvedere alpino de onde se abraça toda a paisagem até o horizonte. Quando, afinal, molhado de suor e quase desestimulado, ele atinge o alto do famoso monte, procura em vão a alegria. Porque o lugar está longe de ser grandioso. É uma colina melancólica, plantada com altas árvores que escondem a vista. Percebem-se alguns telhados ao longe, por entre suas folhas, mas nada de espetacular. No flanco do Monte del Gozo, um imenso refúgio, levando em consideração as multidões que andam pelo Caminho Francês, constitui uma parada muito frequente.

Um gigantesco monumento foi especialmente erigido no ponto culminante. É uma regra sem exceção: todas as vezes que um projeto artístico é submetido ao julgamento de muita gente, a banalidade e a feiura prevalecem. A colegialidade, em matéria artística, é água morna. Podemos estar certos de que muitas pessoas foram consultadas para a criação da estátua que ornamenta o Monte del Gozo, pois é difícil conceber algo mais feio, mais pretensioso e mais desencorajador. Poderíamos dizer que é uma obra-prima, com a condição de fazê-lo concorrer num gênero bem particular: o do kitsch católico.

Esse monumento tem pelo menos um mérito: ao peregrino que, durante sua longa caminhada, sonhou com uma volta à Idade Média e imaginou que o santuário seria seu apogeu, ele oferece um claro desmentido. É exatamente no século XXI que estamos. Compostela não é mais a simples gruta no fundo da qual foram descobertas relíquias. É uma metrópole de hoje, com seus monumentos horríveis, suas grandes superfícies e suas vias expressas. Chegar a Santiago não é voltar aos tempos antigos, mas, ao contrário, voltar brutal e definitivamente ao presente.

Os peregrinos de bicicleta, com que cruzamos de vez em quando, parecem concentrar-se no Monte del Gozo, e é no meio do pelotão que iniciamos a última descida para a cidade. Enquanto no Caminho a bicicleta me parecera um instrumento supérfluo ou mesmo deslocado, à aproximação de Santiago ela se revelava útil e bem adaptada, pois a entrada na cidade é um calvário para o caminhante. A cidade que acolheria os peregrinos parece ter dado completa prioridade aos carros, aos ônibus, aos caminhões e às outras máquinas motorizadas.

É sempre estranho pensar que há pessoas que vivem o ano todo em lugares de peregrinação. Quando se pensa em Meca, por exemplo, tem-se em mente a imagem da Ka'ba, em torno da qual a multidão gira. E parece curioso, ou mesmo incongruente, perceber em algumas fotos prédios residenciais com janelas envidraçadas e sacadas que dão para o santuário.

A Compostela sonhada, a que tivemos tempo de imaginar ao longo do Caminho, se reduz à basílica e à Plaza del Obradoiro que lhe faz frente. Mas, quando nos aproximamos da cidade verdadeira e nela penetramos passo a passo, encontramo-nos incialmente diante de concessionárias Volkswagen, de supermercados, de restaurantes chineses. Uma multidão nativa cuida de suas ocupações, sem se preocupar com o Apóstolo. Seu nome figura nos letreiros, mas parece ser apenas uma especialidade local, como o nugá em Montelimar, ou as *bêtises* de Cambrai. E, finalmente, quando andamos nas ruas com uma mochila nas costas e as conchas penduradas nela, sentimo-nos tão estrangeiros quanto em qualquer outro lugar.

Eu me pergunto até — e eu compreenderia — se a população local não está um pouco cansada de conviver com esses peregrinos de concha, cansados e sujos. De qualquer maneira, eles nem lhes dão atenção. Parece até que eles não os veem. Talvez seja este o sinal supremo da chegada: quando se está ainda longe de Santiago e quanto mais se caminha por locais onde os peregrinos são raros, mais o viajante chama a atenção, suscita o interesse e talvez a simpatia. Quando entra Compostela, ele se torna perfeitamente invisível. Como se estivesse em estado gasoso.

Aliás, na cidade do Apóstolo, a presença dos peregrinos é cuidadosamente canalizada. Restringe-se ao longo itinerário delimitado pelas conchas que se afundam na direção da cidade velha. É pouco dizer que não é acolhedor. Se você conseguiu não ser esmagado, ladeando as avenidas periféricas com quatro pistas, cortando os cruzamentos e transpondo viadutos sem calçada, se você conseguiu atravessar sem dificuldade um último contorno, é porque decididamente o Apóstolo vela por você. Você então chega à Puerta del Camino e penetra enfim no bairro histórico, o centro monumental.

Não creia que por causa disso você vai experimentar a alegria singular de uma volta poética ao passado. Porque a doença extremamente contagiosa se disseminou nas ruazinhas. Ela as desfigura como uma lepra, suja a fachada das casas, insinua-se sob os pórticos, nos becos. Essa doença é a loja de suvenires. Trata-se de uma atividade comercial muito particular, já que é dedicada à venda de objetos estritamente inúteis. Além disso, eles devem ser baratos, fáceis de ser transportados e muito feios. Em geral fabricadas na China, essas bugigangas se inspiram na história local da qual reproduzem os símbolos ao infinito. Inútil dizer que a concha permite variações *ad nauseam*. É encontrada em forma de broche, de bóton, chaveiro, capa de celular. Enfeita conjuntos de mesa, copinhos de plástico, coleiras de cachorro, babadores de crianças, capachos e aventais de cozinha. Aviso aos amadores: há para todos os gostos.

O peregrino caminhante, sobretudo se vem de longe, se sente mais sozinho e mais estrangeiro do que nunca naqueles estreitos turísticos. Porque a multidão com que ele cruza, e que também se reconhece no Apóstolo, não se parece com ele. Constitui-se, em sua imensa maioria, de pessoas que qualificaríamos em qualquer lugar como turistas, e que no entanto ali reivindicam o título de peregrino. É a eles, visitantes solventes, que a oferta das bugigangas das lojas de suvenires se dirige. Esses turistas, vindos de avião ou de ônibus, não têm, de fato, outro recurso para atestar sua efêmera qualidade de peregrinos senão comprar quantidades de objetos que provarão sua passagem por Santiago.

O peregrino caminhante não precisa disso, pois dispõe de um privilégio: ele tem direito a um diploma, a célebre *compostela*, entregue oficialmente pela prefeitura. Com frequência é ao escritório no qual ela é obtida que se dirigem de início os recém-chegados.

A chegada

Na velha casa em que se requisita a *compostela*, os peregrinos se encontram. Ali não há turistas, mas verdadeiros santiagueiros. Alguns tiveram tempo de passar pelo albergue e se trocar. Outros saem diretamente do Caminho e fazem fila, com a mochila nas costas. Porque o precioso documento é merecido e é preciso esperar com paciência antes de obtê-lo. A tropa dos peregrinos se comprime no andar em que se encontram os balcões que entregam o documento e a fila transborda pelo patamar, pela escada, até a entrada. Às vezes se alonga pelo pátio. Ouvem-se conversas em todas as línguas. Ao primeiro olhar não é possível reconhecer que Caminho cada um percorreu, nem de onde ele partiu. Mas aqueles que tomaram itinerários raros, como o *Camino de la Plata*, se encarregam, em geral, de divulgar em voz alta detalhes reveladores. Do mesmo modo, os que vêm de muito longe não deixam de proclamá-lo. Enquanto eu esperava, uma moça, um pouco mais abaixo na escada, não parava de repetir alto ao vizinho: "Quando eu saí de Vézelay..."

O ambiente é bastante frio, apesar de tudo, talvez porque os peregrinos pertençam às duas categorias que não falam muito: os caminhantes e os ciclistas. Estes são reconhecidos pela malha. Às vezes usam nas repartições seus estranhos calçados com presilhas. São bronzeados, depilados, e levam na testa óculos de sol perfilados. Ao vê-los ao lado do caminhante de longo curso, geralmente hirsuto e esfarrapado, temos a impressão de assistir ao encontro de Jean Valjean com Alberto Contador.*

Mas São Tiago cobre com seu manto de misericórdia toda essa humanidade, sem fazer distinção. A pé, ou sobre duas rodas, todos partem com seu diploma redigido em latim.

A funcionária que o entrega — elas são quase exclusivamente mulheres — desdobra diante de si a credencial do peregrino, na qual, alinhada com esmero em suas divisórias, está disposta a tropa colorida dos carimbos. O que cada um desses carimbos representa em termos de suores e de passos, de frio e de fome, só o caminhante pode saber. Para a funcionária, são símbolos sem poesia, provas de percurso, e ela os examina apenas para saber se o pretendente à *compostela* percorreu de fato no mínimo 100 quilômetros (ou 200, de bicicleta).

Senti pavor por um instante quando minha interlocutora me declarou que, conforme o regimento, eu não tinha andado o suficiente. Pulei. Oitocentos quilômetros! Não é o bastante? Ela tinha desdobrado mal a gasta sanfona de minha credencial. No fim a justiça me foi feita, e eu saí da repartição com meu diploma.

Assim que é obtido, o papel tão desejado parece irrisório, sem importância, até mesmo um estorvo. Como guardá-lo na mochila sem amassá-lo? Finalmente, é segurando-o que subimos até a praça da basílica.

Esses últimos metros deveriam ser emocionantes. Tudo é feito, infelizmente, de modo a torná-los odiosos. Um to-

---

* Jean Valjean, personagem do romance *Os Miseráveis*, de Victor Hugo. Alberto Contador, ciclista profissional espanhol. (N.T.)

cador de gaita de foles, tão aplicado quanto incompetente, tem o hábito de se colocar sob o último pórtico que leva à basílica. No momento em que o espírito gostaria de se dirigir inteiro para esse último instante da peregrinação, o que fecha em definitivo o Caminho, as notas agudas do instrumento doem nos dentes e tomam conta dos pensamentos como prurido deslocado.

De cada dez pessoas que depositam moedas diante do músico, cinco pelo menos têm o secreto desejo de mandá-lo embora. Ele só para na hora do almoço. Como a tortura só é eficaz se for permanente, ele cede lugar, infelizmente, a um guitarrista cantor ainda mais calamitoso (mas que se ouve de mais longe).

A Plaza del Obradoiro, na qual enfim desembocamos, é a conclusão da viagem, o quilômetro zero dos marcos santiagueiros. É ampla, cercada de majestosos monumentos e dominada pela alta fachada da basílica. Curiosamente, embora constitua o término do Caminho, não parece fazer parte dele. Dia após dia, o caminhante aprendeu a conhecer seu velho companheiro, o Caminho. Sabe que ele é humilde, discreto, atropelado pelo mundo moderno. Não é metido a besta; acaricia, ao passar, as velhas casas tortas, desce os declives carregando sua cota de lama. O Caminho não tem orgulho, apenas dignidade; não tem presunção, apenas memória. Ele é estreito, sinuoso e perseverante, como uma vida humana. Enquanto a Plaza del Obradoiro, na qual ele finda, é um lugar inflado de poder, luxuoso e construído para impressionar.

Imagino que, nos primeiros tempos do Caminho, na época do rei Afonso, a viagem terminava diante de uma gruta, no meio do pequeno santuário constituído de algumas pedras amontoadas em volta das relíquias do santo. O termo do Caminho, naqueles tempos, devia ser tão modesto quanto ele.

Enquanto hoje, todas as pompas da Igreja se desdobram no lugar da chegada. As relíquias do santo são cercadas por uma incrível série de invólucros que se encaixam uns nos outros, como as cascas da cebola. Estão depositadas num relicário, o relicário numa cripta que pertence à primeira basílica. O todo é embalado por uma catedral gótica. Ela mesma é escondida por um frontão construído no século XVIII. Esse empilhamento de obras de arte não deixa de ser belo. Ele emoldura o culto do santo, determinando toda uma coreografia: os visitantes também são convidados a circular pelos bancos, a descer na cripta e em seguida a subir as escadas do coro que os leva às costas de uma imensa estátua de São Tiago. A tradição pede que cada peregrino envolva o santo com seus braços e lhe dê por trás um abraço, uma espécie de acolada ritual. Por um motivo que me escapa, eu não consegui fazer isso. Parecia-me que essa veneração, que concluiria minha viagem, seria uma traição de tudo o que constituíra sua essência. Eu não fora abraçar um ídolo de ouro, mesmo que esculpido à imagem do apóstolo. Depois de ter me entregado a todas as iniciações físicas que o Caminho impõe ao peregrino, eu recusava essa última prova que, contudo, se presume ser uma recompensa. Eu gostaria muito de dar ao Caminho o sentido concreto que ele havia assumido ao atravessar vales e aldeias, mas desejava conservar ao seu final um caráter abstrato, simbólico e pessoal. Em resumo, acabei tendo desse célebre São Tiago uma ideia bem pessoal, fraterna e filosófica. Eu não desejava substituí-la pelo contato frio de uma estátua coberta de ouro e gasta pelas mãos de todos aqueles que, dizendo-se católicos, foram sacrificados, ao tocá-la, em um ritual que me parece totalmente pagão.

  Mais clássica e mais ortodoxa, a missa solene dos peregrinos me pareceu mais aceitável. É preciso obedecer à regra do jogo: já que a Igreja se apropriou dessa peregrinação que, em minha opinião, se origina de uma espiritualidade mais abstrata e mais geral, é preciso deixar que a Igreja lhe dê uma conclusão. Longe do gesto individual e quase onírico dos visitantes, um após outro, que apertam o santo em seus braços, a missa solene dos peregrinos é um verdadeiro momento de comunhão. É um cadinho que dilui as diferenças, os percursos, as provas de cada um para fazer delas, na duração de uma prece, uma bela aliança de sonoridade pura.

A cerimônia se desenrola numa basílica lotada. Último tema para irritação, os peregrinos motorizados, conduzidos por suas agências de viagem, que só se deram ao trabalho de vir de seus hotéis, ocupam todos os lugares nos bancos. Os peregrinos caminhantes, atrapalhados com suas mochilas, são empurrados para os lados, atrás dos pilares, na soleira das capelas laterais. Os últimos talvez sejam, um dia, os primeiros; em todo caso, durante a missa dos peregrinos, a hierarquia é respeitada, e os maltrapilhos continuam a ser postos de lado.

Eu consegui me encaixar atrás de uma larga coluna que me tapava a visão, mas, contorcendo-me, podia ver o coro. Notei na multidão que estava de pé vários rostos encontrados no Caminho, sobretudo o de meu alto-saboiano, milagrosamente chegado a bom porto.

O trovão do órgão finalmente ressoou. Começou então uma missa grandiosa, colorida por leituras em diversas línguas europeias. Cantos poderosos eram iniciados por uma religiosa de voz angelical e retomados pela multidão numa unidade da qual não a acreditaríamos capaz.

Por fim, pois decididamente eu tinha muita sorte, assisti ao acendimento do *botafumeiro*. Trata-se de um incensório gigantesco, grande recipiente de prata suspenso por uma imensa corda ao teto da basílica. Preenchido com mirra e incenso e depois aceso, o enorme incensório começa a fumegar como fogo na mata. Seis homens se aplicam em lhe imprimir um movimento oscilante. A bola fumegante vai e vem no transepto, aparentemente numa velocidade de 60 quilômetros por hora, espalhando suas fragrâncias por toda a igreja. No momento em que ele toma impulso, a religiosa entoa um cântico que desencadeia o entusiasmo da assistência. O espetáculo funciona perfeitamente depois de séculos de repetição, e o momento é intenso. Quando o *botafumeiro* volta ao seu lugar, e o cântico termina, a multidão murcha, esgotada, esvaziada de seus humores, convencida de ter vivido um grande momento. É com efeito o fim da peregrinação.

Um italiano com quem conversei ao sair da cerimônia me revelou um detalhe que teria podido romper o encantamento. Contou-me que, segundo ele, o costume do *botafumeiro* não era religioso, mas sanitário. Na Idade Média, os peregrinos, apesar da passagem por Lavacolla, estavam em tal estado de sujeira que a basílica, lotada com aqueles corpos sujos, era literalmente irrespirável. Os padres, para sobreviver, tinham encontrado uma única solução: balançar nos ares um tonel de incenso. Longe de me desinteressar por essa cerimônia, a história, ao contrário, conciliou em mim duas realidades até então incompatíveis: o fausto da liturgia cristã e a primitiva simplicidade do Cristo. O incenso e a púrpura se uniam assim com o suor e a lama cinza. O fio não fora rompido.

Porque tudo colabora para que ele se rompa assim que "chegamos". Os encantos e as belezas de Compostela sepultam as lembranças do Caminho. Os corpos recuperam a indolência urbana: arrastamo-nos pelas ruazinhas e logo nos surpreendemos comprando lembranças...

Depois, é o avião que arremessa você para fora do santuário e o atira, em poucas horas, no seu cenário familiar. Dizíamos, enquanto caminhávamos ao longo das estradas, que nunca mais poderíamos circular de carro sem nos colocar no lugar daqueles que fazem o mesmo caminho a pé. Mas, assim que nos instalamos atrás de um volante, esquecemos esses pactos e disparamos a grande velocidade, sem remorso.

Alguns aspectos do Caminho são um pouco mais duráveis: para mim, foi especialmente a filosofia da mochila. Durante vários meses após meu retorno, estendi a reflexão sobre meus medos a toda a minha vida. Examinei com frieza o que literalmente carrego nas costas. Eliminei muitos objetos, projetos, obrigações. Tentei me aliviar e erguer com menos esforço a mochila de minha existência.

Mas isso também passou. Pouco a pouco a página foi virada e as angústias do Caminho desapareceram. O efeito perceptível da peregrinação se apaga depressa. Em algumas semanas, tudo desapareceu. A vida continuou. Nada parece transformado.

Certamente, por alguns indícios, compreende-se que ele ainda atua na profundidade. Não é sem dúvida por acaso que, ao retornar, escrevi a história de Jacques Cœur. A casa em que nasceu se situa num dos caminhos de Santiago, e ele passou a infância vendo os santiagueiros desfilarem. Ele próprio denominado Jacques [Tiago], desejou ardentemente fazer a peregrinação, mesmo que a vida não lhe tenha dado a oportunidade. Acompanhando sua bela existência, através dos Caminhos de sua Idade Média, tive um pouco a sensação de pegar de novo a mochila para outra viagem enquanto escrevia. Jacques Cœur, como os peregrinos de Compostela, aprende a conhecer a liberdade perdendo tudo. E, como antes ele tudo obtivera — dinheiro, poder, luxo —, essa oblação radical confere a seu destino uma grandeza particular que não é estranha ao espírito do Caminho.

Tudo isso, contudo, ainda é alusivo, é uma vaga influência. A peregrinação em si tornou-se para mim uma lembrança distante. O licor filosófico que saiu dela, e que eu recolhi gota a gota ao escrever *Le Grand Cœur* [O grande coração], pareceu-me ter sido produzido pelo esmagamento de todos os instantes particulares que compuseram a viagem. Em resumo, não me restava do Caminho senão um ensinamento essencial e bastante vago. Ele é inebriante, precioso, mas eu teria dificuldade em defini-lo. Pensei ter esquecido tudo.

Depois, num dia nevoso em Chamonix, falei sobre minha peregrinação com dois editores amigos durante um almoço. Apaixonados pela montanha, Marie-Christine Guérin e Christophe Raylat, que dirigem as Éditions Guérin, se interessaram por minha viagem e me fizeram as mil perguntas que fazem aos alpinistas que voltam da prova. Eu lhes respondi com a mesma naturalidade e lembrei-me de muitas histórias. Era uma dessas conversas de montanha que o vinho branco e o calor de um chalé provocam, especialmente se lá fora está nevando. Quando, ao término da refeição, meus interlocutores me encorajaram a redigir aquelas lembranças, recebi a sugestão deles com indignação. Eu não tinha feito aquele Caminho para contá-lo! Não tinha escrito nada, nem durante o Caminho nem na volta. Eu queria viver tudo sem nenhum distanciamento, sem a obrigação de prestar contas, ainda que a mim mesmo. Quando eu via, em cada etapa, peregrinos fazerem anotações febrilmente, tinha pena deles.

Mas eis que, naquele inverno particularmente glacial, na paisagem branca que naquele dia atravessei na volta para casa, vieram-me imagens de céus cintilantes e de veredas lamacentas, de ermidas solitárias e de encostas castigadas pelas ondas. Na prisão da memória, o Caminho despertava, batia nas paredes, me chamava. Eu comecei a pensar nele, a escrever e, puxando o fio, tudo voltou.

Nada havia desaparecido. É um erro, ou uma comodidade, pensar que semelhante viagem é apenas uma viagem e que podemos esquecê-la, guardá-la num escaninho. Eu não poderia explicar em que o Caminho atua e o que ele representa de verdade. Sei apenas que ele está vivo e que não podemos contar nada sobre ele a não ser tudo, como eu me esforcei aqui. Mas, mesmo assim, falta o essencial, eu sei. É por isso mesmo que daqui a pouco vou voltar para a estrada.

E você também.

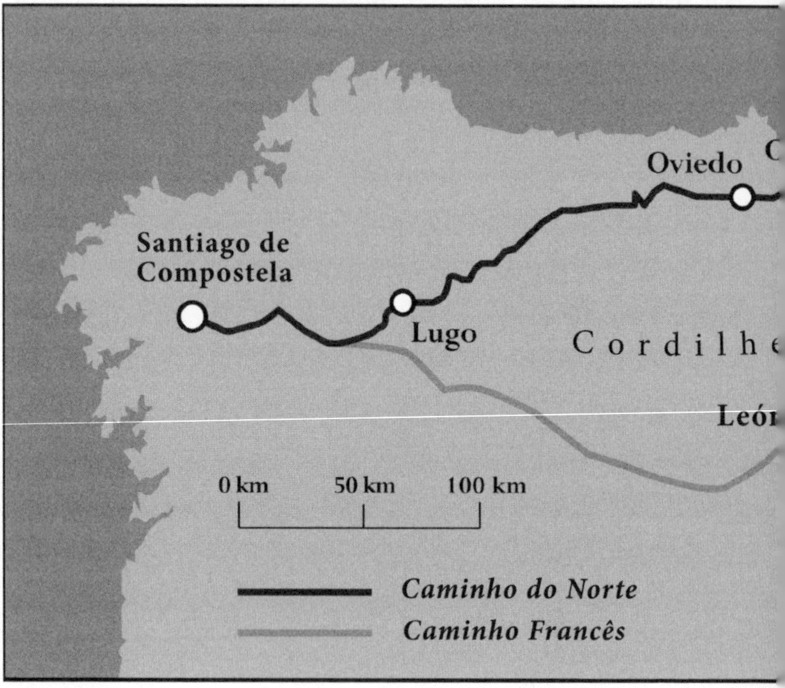

Oviedo
Santiago de
Compostela
Lugo
C o r d i l h
León
0 km
50 km
100 km
Caminho do Norte
Caminho Francês

Santander

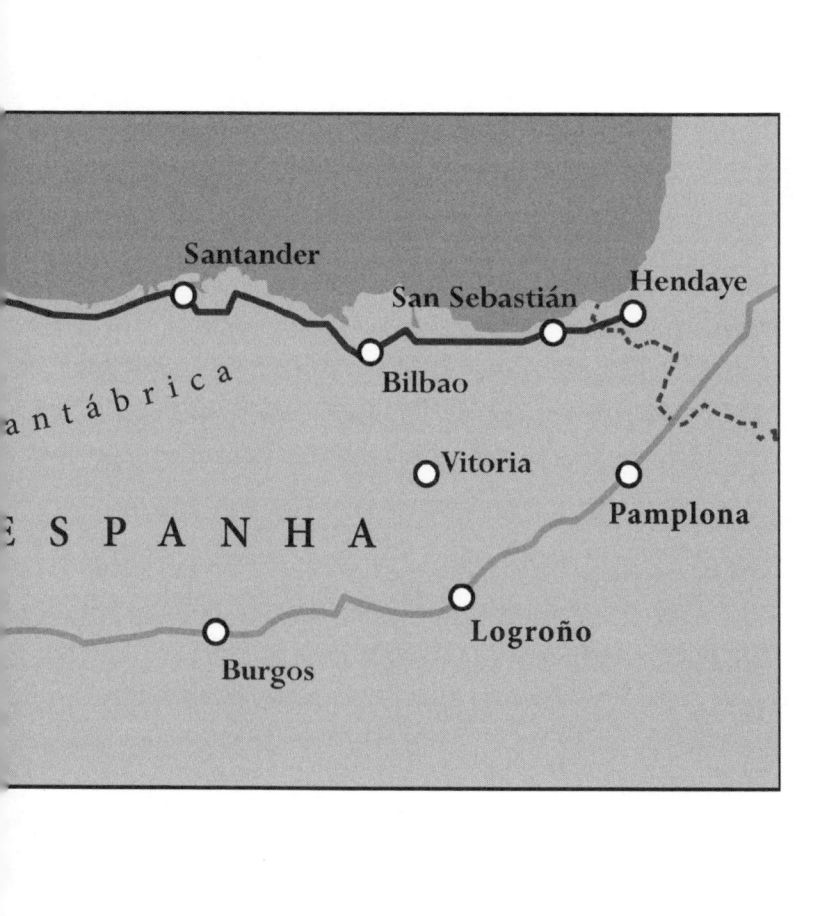

San Sebastián Hendaye

antábrica

Bilbao

ESPANHA Vitoria

Pamplona

Burgos Logroño

Conheça mais sobre nossos livros e autores no site
www.objetiva.com.br

Disque-Objetiva: (21) 2233-1388

Este livro foi impresso na
LIS GRÁFICA E EDITORA LTDA.
Rua Felício Antônio Alves, 370 – Bonsucesso
CEP 07175-450 – Guarulhos – SP
Fone: (11) 3382-0777 – Fax: (11) 3382-0778
lisgrafica@lisgrafica.com.br – www.lisgrafica.com.br